社会科学规划项目研究成果（项目批准号：AHSKF2019D032）

老年保健操

余千春　马维娟　滕玉竹　著

图书在版编目（CIP）数据

老年保健操 / 余千春, 马维娟, 滕玉竹著. -- 北京：中国人口与健康出版社, 2024.8

ISBN 978-7-5101-9924-0

Ⅰ. ①老… Ⅱ. ①余… ②马…③滕… Ⅲ. ①老年人—保健操 Ⅳ. ①G831

中国国家版本馆CIP数据核字(2024)第060548号

老年保健操

LAONIAN BAOJIANCAO

余千春　马维娟　滕玉竹　著

责任编辑	隋　音　杨秋奎
美术编辑	刘海刚
责任印制	林　鑫　任伟英
出版发行	中国人口与健康出版社
印　　刷	河北赛文印刷有限公司
开　　本	710毫米×1000毫米　1/16
印　　张	9.5
字　　数	210千字
版　　次	2024年8月第1版
印　　次	2024年8月第1次印刷
书　　号	ISBN 978-7-5101-9924-0
定　　价	78.00元

微信ID	中国人口与健康出版社		
图书订购	中国人口与健康出版社天猫旗舰店		
新浪微博	@中国人口与健康出版社		
电子信箱	rkcbs@126.com		
总编室电话	（010）83519392	发行部电话	（010）83557247
办公室电话	（010）83519400	网销部电话	（010）83530809
传　　真	（010）83519400		
地　　址	北京市海淀区交大东路甲36号		
邮　　编	100044		

前言

尊敬的读者：

感谢您选择了本书《老年保健操》。本书是安徽省哲学社会科学规划项目“基于运动医学的老年保健操知行设计研究”的研究成果。本书旨在为广大老年读者提供一套科学、实用的保健操练习方法，以帮助老年人在日常生活中有效提升身体健康和生活质量。

随着年龄的增长，人们的身体机能自然会发生变化，维持良好的健康状态成为了老年人关注的重点。本书通过针对性的保健操练习，覆盖了头部、上肢、躯干、下肢等多个身体部位，既包括了基于养生的保健操，也涵盖了具有辅助医疗功能的保健操，适合不同需求的老年朋友选择和练习。

本书每一章节都配有详尽的动作解释和实践指导，以确保读者能够正确并安全地执行每一个动作。为了更好地辅助理解和练习，本书还附带了教学图示，让每位读者都能在家中方便学习和练习。

书中的内容安排从简到繁，由浅入深，无论您是刚开始接触老年保健操，还是已有一定基础，都能在本书中找到适合自己的练习内容。我们希望通过本书，不仅能够帮助您提高身体健康水平，还能增进您的生活乐趣。

祝您通过阅读本书，实践中获得健康和快乐！

著 者

2023 年 12 月

目录

第一章

老年保健操的基本知识

第一节　老年保健操的定义、起源和发展

一、老年保健操的定义

老年保健操是根据老年人的身心特点编制而成的一种保健性徒手体操。人类的一生，是按照一种不可抗拒的自然法则，从成长阶段，到成熟阶段，再到衰退阶段的一个周期。衰老的具体表现是：胸腺随着年龄的增长而缩小，免疫系统对感染的抵抗力也随之下降。随着心肌的力量下降，心脏血液的输出量每年约下降 1%，最大心率也在下降。屈肌缩短，支撑头和身体的抗重力肌变弱，骨骼发生变化，从而影响血液循环和对肌肉与脑的氧供应。感觉、运动器官和其他反应机能失灵，对周围事物感觉迟钝，动作缓慢、笨拙，协调性和平衡性差，容易受伤且愈合很慢，适应能力减弱。50 岁以后，人的身高每 10 年要降低 10 厘米，但头、耳朵和鼻子却慢慢增大。骨骼中的矿物质逐渐减少，加上肩膀和腰肌无力，导致弓背。眼球晶体失去水分，变硬，不能调节不同距离的焦距而产生双焦点。人衰老的原因是多方面的，缺乏体育锻炼是其中一个重要原因。老年保健操是供老年人锻炼身体、延迟衰老、强身健体的一种手段，有严格的规律性。各项动作由简到繁，运动量逐渐增加。老年保健操主要是通过身体各部位、各关节在不同方向上的运动，增加对体力活动和大自然环境改变的适应能力，从而实现治病、无病、强身健体。健身锻炼可以起到预防冠心病的作用；可以改善呼吸功能，加速体内的新陈代谢；可以改善胃肠蠕动和分泌功能，增

进食欲，消除便秘，使消化系统的功能保持正常；可以延缓运动功能退化的进程，保持动作协调，各关节伸屈自如，肌肉结实；可以防治老年人的常见病——肩周炎；可以使神经系统得到锻炼，提高心智。如能长期坚持保健操的练习，有药物所不能起到的作用，对老年人的保健很有益处。

二、保健操的起源和发展

实际上，我国很久以前就有了徒手保健操，由于没有器械的帮助，所以操作起来很简单，动作也很容易。但是，这种徒手保健操却是一种非常优雅的运动，比如“熊经鸟伸”运动，它是2500多年前就有的，五禽戏、按摩功、八段锦，是随时代发展而来的；随着健身运动的不断发展，太极拳等运动对提高人民体质有很大的帮助。

我国古代保健操起源于养生，导引就是从养生出发的《吕氏春秋·尽数》中说：“流水不腐，户枢不蠹，动也。”世界上的一切都是在运转的，身体也是在运转的。人体的外在活动可以使人体的精、气在体内流动，从而改善人体的体质。

春秋时期，由于保健运动的需要，出现了 “导引之士”。他们通过学习、观察和模仿动物的行为，创作出熊爬树、鸟伸翅等形似的运动来锻炼他们的身体。“乃自强步，日三四里，少益嗜食，和于身”[①]，这是2500多年以前，中国最古老的关于健美操的记录。

五禽戏是中国民间的一项健康养生运动，也被称为五禽操，是一项很有特色的运动项目。传说中，五禽戏是由著名的医学家华佗所创，最有代表性的是《养性延命录》，即陶弘景在《五禽》中所作的五禽戏。五禽戏包括虎戏、鹿戏、熊戏、猿戏、鸟戏五大类，每个手势都对应动物的行为。

五禽戏具有较高的技术要求和技术难度，掌握它必须具备相应的技术。五禽戏要达到身体的舒畅、心静如水、气息平稳、身心相融的境界。练熊戏要在稳重中保持灵动，把它的凶猛展现得淋漓尽致；在练习虎戏时，要展现出一种雄壮、凶悍、刚猛、刚劲有力的姿态；学猿的动作时要模仿猿猴的灵敏和灵巧；在练习鹿戏时，要表现出它的宁静和自然；在练习鸟戏的时候，要把它的翅膀展现出来，让它的身体和精神都融合在一起。

唐朝开始有一门按摩功夫，并逐步发展成为正式的健康健身运动，并有“按摩博士”“按摩师”等职业健身教练。据《新唐书·百官志》记载，当时在太

① 参见刘向的《触龙说赵太后》。

医署之下有“按摩博士一人，按摩师四人，并从九品下。掌教导引之法”[①]孙思邈在其著作《备急千金要方》中，也记载了推拿手法对疾病的治疗和保健效果。

唐朝有两种健身按摩操：一种是天竺式按摩，共有十八种；另一种是“老子”的推拿手法，共有五十二个姿势。一天内按揉三次即可。孙思邈的推拿手法，其实就是一项在唐朝十分盛行的徒手养生操。

宋朝时期，由于社会的发展，人们对健康进行了大量的探讨，尤其是一些文人墨客，如欧阳修、苏东坡、沈括，他们都非常注重锻炼身体，并在此基础上编写了许多关于健康的文章。比如陆游，晚年时就一直在做养生操，所以他虽然年纪大了，但还能保持健康。陆游说：“老夫垂八十，岩电尚烂烂，孤灯对细字，坚坐常夜半。”[②]

宋人根据历代的实际情况，创制了一种八段锦健身体操。南宋人晁公武在《郡斋读书志》中说：“《八段锦》一卷，不题撰人，吐故纳新之诀也。”[③]

明清之际，我国的健身活动更加普及，八段锦发展成为十二段锦，在此期间，健身活动最大的发展成果是创立和推广了太极拳。

太极拳之名源于《太极图说》：“无极而太极，太极动而生阳，动极而静，静而生阴，静极复动，一动一静，互为其根”[④]明朝的内功拳讲究的是练气法，讲究的是安静；外家拳法，讲究的是力量的运用。太极拳吸收了外家拳的精髓，既有刚有柔，又有动。“一动一静，互为其根”就是太极。

第二节　老年保健操的特点、功能和注意事项

一、老年保健操的特点

（一）老年保健操是以体操动作为主体的运动形式

因为保健操是以身体健康为主要目的，所以大部分的动作都是根据身体的

① 参见《新唐书·百官志·卷三十八》。

② 参见宋代陆游的《秋夜读书》。

③ 参见南宋晁公武的《郡斋读书志》。

④ 参见宋代周敦颐的《太极图说》。

结构来设计的，既保持了体操的所有基础动作，又吸取了许多舞蹈和武术中的技巧，并加以改进，形成了独特的保健操。另外，为确保一定的训练强度和训练的完整性，许多动作都是重复做的，往往呈现出对称的形态；从单一的运动和整套的训练安排上来分析，老年保健操的动作简单易学、节奏分明、动作流畅、针对性和实用性强，既能全面地锻炼身体，又能有重点地锻炼身体某些部位。

（二）投入低，见效快

当前我国广大人民大众尤其是老年人对健康的投入并不高。他们喜欢投资小、收益高、效益好的运动。老年保健操是一种无须投入但见效快的运动。不像羽毛球、乒乓球、网球那样，要通过特别的训练、要有场地和器材，老年保健操只要有一块空地就可以开展，相对来说，从事老年保健操运动花费并不高。

（三）动作简单易学，覆盖人群广

保健操运动只有一些基础的步法，结合胳膊的动作，可以很容易地掌握节奏和力度，其动作简洁而不枯燥，优雅而不难懂，配合着美妙的乐曲，可以引起人们极大的兴趣，很快就能学会，适合所有的中老年人，针对的群体是非常广泛的。老年保健操的特点是易于学习，可以适应不同年龄、不同层次、不同性别的人群。现在参加体育锻炼的人当中，选择保健操运动的比例较高。

（四）在音乐的伴奏下运动

保健操的基本形式是以音乐为基础进行各种动作的训练。音乐具有活跃大脑细胞的功能，可以影响人们的情感。老年保健操是一种有节奏的健身运动，它的旋律是欢快、节拍强烈、能迅速调动人的兴奋感，它能营造出一种氛围，让人的情绪得到充分的发挥，让健身活动成为一种既有感情又有灵魂的运动，让健身活动充满了趣味和艺术享受。

（五）易于普及和开展

老年保健操不受场地器材、气候、时间等条件的限制，无须特意选定地点，从某种意义上来说，可以补偿部分区域运动场地资源匮乏的状况。在一些城市，老年保健操项目的发展，也为老年健身爱好者的健身活动创造了广阔的空间。

（六）老年保健操具有一定的挑战性和娱乐功能

老年保健操的内容很多，既有一定的难度又有趣味性。这是一项很时髦且每个人都喜欢参加的体育活动。老年保健操的动作种类繁多，部分动作需要一定的力量和幅度，因而很有挑战性；另外，老年保健操还有很好学的体式动

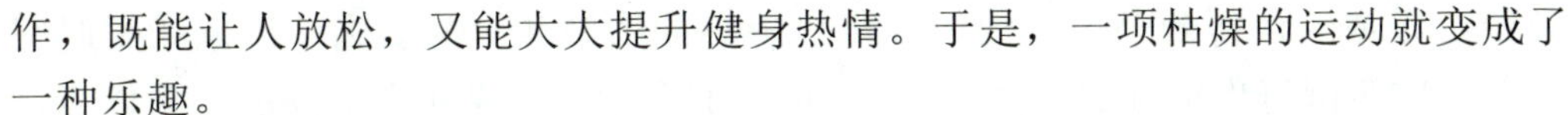

作，既能让人放松，又能大大提升健身热情。于是，一项枯燥的运动就变成了一种乐趣。

（七）集体练习为主

老年保健操的一大特点是很多人在一起锻炼，以集体练习为主。参与者不仅能锻炼身体，还能排解消极的情绪，让练习者不会感到孤单寂寞，能交到不少朋友。在集体运动中，参与者在追求积极向上的集体荣誉感、团队感时，能增进彼此之间的相互交往和亲和感，提升集体信赖感和依托感。这些都会对参与者的心理产生积极的影响，提高社会适应能力。

二、老年保健操的功能

（一）对身体形态、姿势的影响

由于社会的快速发展和生活质量的不断提升，人们的饮食习惯逐渐改变，工作的节奏和紧张程度逐渐增加，参加体育活动和休闲活动的次数越来越少；由此也导致了许多与现代人的生存方式相关的病症。比如，现在的肥胖症患者数量不断增加，轻则没有精力，重则会对身体和心理造成伤害，严重的还会对家人的生活造成困扰。老年保健操是一种持续的、中低强度的有氧锻炼，它会消耗很多的能量，有利于改善人体功能，减少体内的油脂；将音乐与体育相融合，让中老年人在放松、和谐、愉悦的环境中，在无意识的状态下进行锻炼。老年保健操中，人体各个部位的活动范围很广，各个部位的肌肉都会得到锻炼，不仅可以减少体内的多余脂肪，还可以通过有氧锻炼来增强肌肉纤维的弹力，以增强体质。老年保健操能使身体的所有肌肉都得到锻炼，胸部、腹部、臀部都产生一种积极的感受，也能改掉低头、含胸、驼背等习惯；耸肩，走路时八字形，翘臀；伸长脖子等，会让人的整体印象发生很大变化。因而，老年保健操对保持人的体态和体型健康具有重要作用，可以防止体重过高、体重过轻、姿势不好等问题。

（二）对骨骼肌肉的作用

老年保健操是锻炼身体机能的绝佳方法。能提高肌肉的弹性、韧性和强度，提高控制、稳定和协调能力；能增强肌肉的韧性，从而提高肌肉的储存能力；能预防骨骼的异常发育；还可以促进骨内的血液循环和新陈代谢，增加骨表层的密度，增强骨头的强度，增强骨头的抗折断、弯曲和扭转能力；增加韧带的韧度、灵活性、伸展性，增加耐受性和运动性，并预防意外受伤。练习老年保健操可以使人体得到全方位的锻炼，包括小的关节和大的肌肉；可以让平时很难运动的肌肉得到更好的运动。因此，锻炼的全面性是老年保健操的一大优点，使得人的身体机能得到了提升。

（三）对心脏功能的作用

练习老年保健操时，人体的氧气消耗会增大，对血液的需求也会增大，心脏的工作压力也会随之增大，而随着血液输出量的增加，供血量也会增加；因此，定期做老年保健操可以改善心脏和全身循环的机能。老年保健操锻炼还可以增强血管的收缩和舒张能力，增强血管内的氧气供给，从而提高脂类的新陈代谢，达到降脂的目的；降低动脉壁内的油脂沉淀，减缓血液凝固，降低身体在静止状态时的血压；可以增加血细胞、红细胞和血红蛋白的含量，增强机体的营养水平、代谢能力和免疫力；同时还可以改善心血管系统的组织，增强其弹力和功能，降低多种心血管病发病风险。老年保健操运动的时长较长，涉及的人体部分较多，可以提高心脏血管的功能。

（四）对呼吸的作用

在老年保健操运动中，有很多运动项目，如下蹲、转体、扩胸等，可以使肺部的毛细动脉血管增加，使人的呼吸肌得到明显的改善，使胸部的活动范围扩大，使肺活量得到改善，使肺泡腔的弹性得到增强；维持良好的肺功能，增加肺的通气率，并提高每一次呼吸的氧气摄入率。

（五）对心理健康的影响

老年保健操锻炼能减轻心理上的紧张感，使人的身体得到放松。在科技发达的今天，人类在享有科技带来的便捷的同时，也面临着心理上的巨大负担。大量的研究表明，长时间的精神紧张不但会导致多种心理问题，还有很多身体方面的问题，比如高血压、心脏病、癌症等。体育锻炼能减轻心理上的紧张感，并能防止多种病症的发生，这一点已经得到了科学的验证。保健操是一种以动作优美、协调一致、全面锻炼身体、配合有力的音乐伴奏而闻名的运动。通过放松、优雅的健身操，让练习者从烦心事中解脱出来，忘记沮丧，充分地体验健身运动的乐趣，获得心灵宁静，减轻心理上的紧张，让人精力旺盛，心理状态良好。此外，老年保健操主要是团体训练，增强社交能力。当前，国内外保健操的主要形式是健身教练引导，而参加保健操运动的人群则是来自不同层次的人群。这样，它就扩展了人与人之间的联系，使人脱离了单调的工作和生活，与更多的人交流；视野的开阔打开了人生的另外一片空间，大家一起跳舞，一起锻炼，一起欢乐。保健操运动既可以增强体质，又可以起到休闲娱乐的作用；既可以让人获得身体上的康健，又可以满足人的心理需求。

三、老年保健操的注意事项

练习老年保健操的时候，为了避免受伤并达到良好的健身效果，练习者运动之前要做好全身关节、韧带和肌肉的准备工作，防止损伤；运动完之后，要进行一系列的运动，让全身处于一种平静的环境中，休息 30 分钟，再进行沐浴和进食。练习人员要根据自己的身体素质和耐力，合理地安排体育锻炼的力度和时长。

初练习者在每项运动后，都应该出少许的汗水，并有轻微的疲劳，心率在 120 次 / 分钟为好，整个训练的时长不能少于 30 分钟。在达到一定的运动能力后，可以适当延长运动的次数，提高身体的排汗量和疲劳程度，心率达到 130 次 / 分钟。在体育活动中，运动总强度和运动总量均应相应地增加。

要根据个人的具体条件，确定锻炼目的，选择有针对性的保健操种类。练习中为了确保训练的品质和成效，应保持注意力集中，姿势正确，动作要精确。选择有弹性、纯棉、柔软的健身服。运动的鞋子不但大小要适当，还要有内衬，要有一定的弹性和弯曲度，不要穿厚底鞋或高跟鞋。有慢性病的练习者应在医生的指导下进行锻炼。

四、养生保健操与医疗保健操的区别

养生保健操主要面向健康或希望提高生活质量的人群。这种类型的保健操着重于通过运动来调节身体和心理状态，增强体质，预防疾病，延缓衰老，提升整体健康水平。例如，普通的拉伸、轻柔的动作序列都是为了保持身体的活力和平衡。医疗保健操则更多地被视作辅助治疗的一部分，目的是帮助已经出现健康问题的人群恢复或改善身体状况。例如，关节的活动性恢复、术后康复或是针对特定疼痛的缓解。动作往往更加精准，指向性强。

养生保健操的强度通常较为温和，并且动作易于掌握，适合绝大多数人群练习。这种类型的保健操目的在于长期维持和提升健康水平，强调的是持续性和长效性。医疗保健操的强度和形式则需要根据练习者的具体健康状况调整。某些练习可能在初期会感觉较为困难，需要逐渐适应。这类保健操的执行通常更加严格，建议遵循特定的康复流程和指南。

第二章 头颈部保健操

大脑由端脑和间脑组成，是中枢神经中最大和最复杂的结构，也是最高“部门”。大脑是调节机体功能的器官，也是意识、精神、语言、学习、记忆和智能等高级活动的物质基础。大脑是人体生命活动的中枢，大脑工作具有精密性和复杂性特征，大脑对全身的感觉运动以及反射活动进行着精细管辖。大脑发出神经纤维经过脑干，再由脑干发出脑神经支配头面部肌肉运动。

头颈部是头部与躯干连接的重要器官。人们由于长时间的学习、工作、久坐和缺乏锻炼等原因，易出现头晕、耳鸣、牙痛、近视、远视、咽痛和颈椎病等症状。而随着年龄的增长，老年人机体功能退化，可能会出现脑供血量不足、脑部神经功能受到影响，会导致老年人出现健忘的情况。所以应当重视老年人头颈部的锻炼，保证人体生命健康，同时有助于减少健忘的发生，还能做到祛病强身的效果。

第一节 运动前的准备

运动前应穿着舒适的衣服，做好准备运动，如稍微活动下关节，调整好呼吸，及时补充身体水分。

一、双掌擦颈

（一）练习方法

（1）准备动作：站立或坐在椅子上，目视前方。
（2）挺胸收腹，双臂下垂，全身放松（见图 2-1）。
（3）肩膀微后张，均匀呼吸。
（4）双手交叉放在颈部（见图 2-2）。
（5）左右摩擦 100 次（见图 2-3 和图 2-4）。

（二）作用功效

有助于缓解颈部肌肉的僵硬，改善颈部血液循环。

（三）注意事项

动作要轻柔和缓，力度以渗透为准。

图 2-1

图 2-2

图 2-3

图 2-4

二、左右转头

（一）练习方法

（1）准备动作：站立或坐在椅子上。
（2）头部先向右转，动作幅度适中，以感觉酸胀结束（见图 2-5）。
（3）头部再向左转，动作幅度适中（见图 2-6）。
（4）重复做 30 次。

（二）作用功效

锻炼颈椎的旋转功能。

（三）注意事项

速度应轻柔和缓，切忌猛烈甩头。

图 2-5

图 2-6

三、上下点头

（一）练习方法

（1）准备动作：站立或坐在椅子上。
（2）头部先向前移动（见图 2-7）。
（3）头部再向后转，转动时尽量拉长颈部，动作幅度适中（见图 2-8）。
（4）重复做 30 次。

（二）作用功效

锻炼颈椎的屈伸功能。

（三）注意事项

动作和缓轻柔，切忌前后甩头。

图 2-7

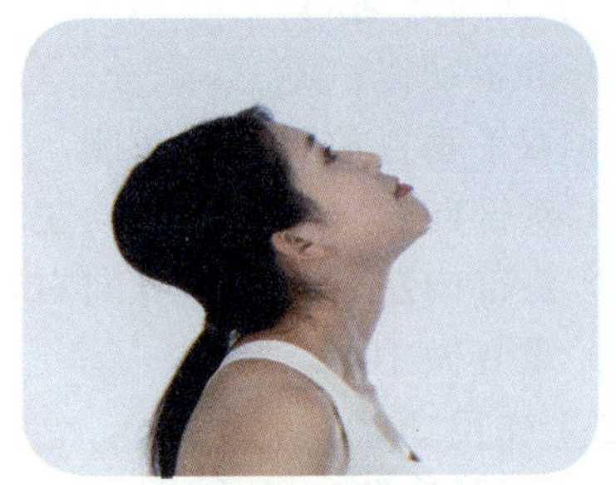
图 2-8

四、旋肩舒颈

（一）练习方法

（1）准备动作：站立或坐在椅子上。

（2）双手掌心朝下放于两肩部（见图 2-9）。

（3）手臂带动肩部由后向前转 20 次，再由前向后转 20 次（见图 2-10）。

（二）作用功效

通过旋转活动肩关节，放松颈肩之间的肌肉。

（三）注意事项

保持脊柱挺拔，放松颈肩肌肉，动作要轻柔缓和。

图 2-9

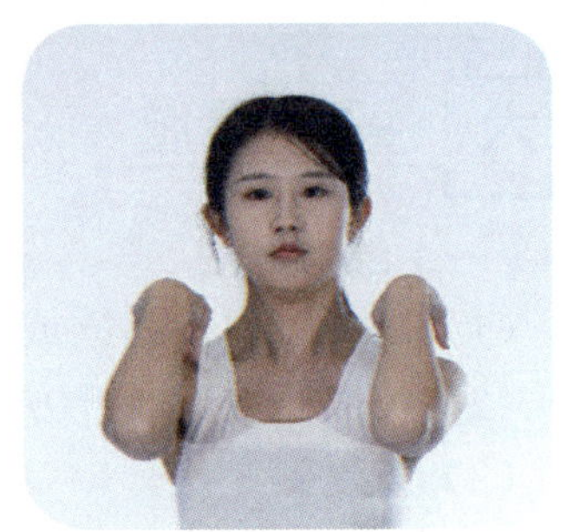
图 2-10

五、颈部争力

（一）练习方法

（1）准备动作：站立。

（2）双手垂直放于大腿两侧，下肢保持不动。

（3）头部向右转时，上身向左转（见图 2-11）。

（4）头部向左转时，上身向右转（见图 2-12）。

（5）重复做 10 次。

（二）作用功效

可以增强颈肩肌肉的协调性。

（三）注意事项

转动幅度以自己能承受的最大适宜度为准。

图 2–11

图 2–12

六、摇头晃脑

（一）练习方法

（1）准备动作：站立或坐立。

（2）头部先按顺时针方向转，再按逆时针方向转（见图 2-13 ～图 2-16）。

（3）重复做 5 次。

（二）作用功效

锻炼颈椎的侧屈功能。

（三）注意事项

每次旋转尽量贴近肩部，旋转幅度以自己能承受的最大适宜度为准。

图 2-13

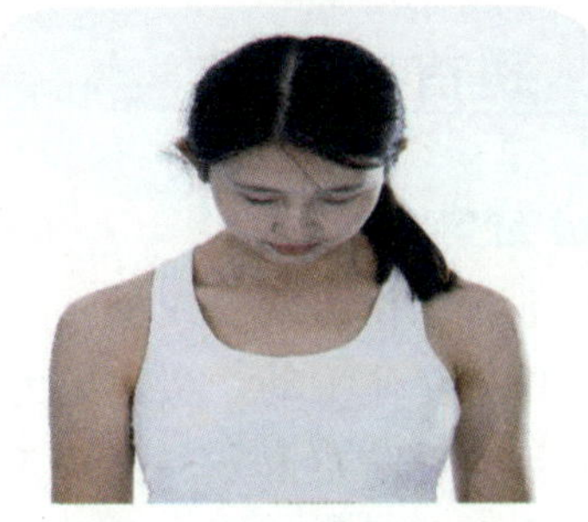
图 2-14

图 2-15

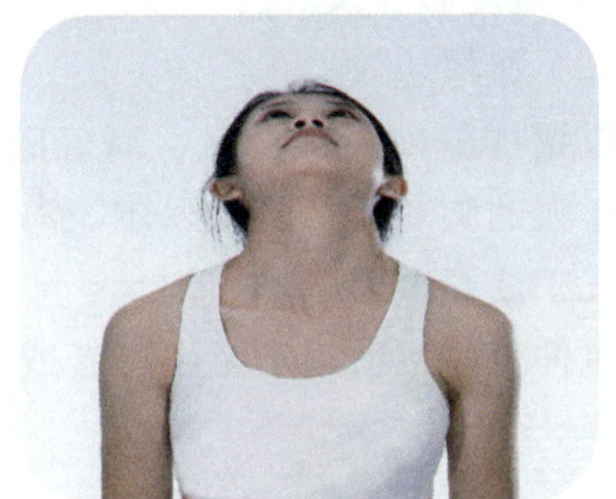
图 2-16

七、头手相抗

（一）练习方法

（1）准备动作：站立或坐立。

（2）双手交叉放于颈部，双手向前用力顶头颈。

（3）头颈则向后与之对抗（见图 2-17）。

（4）重复做 5 次。

图 2-17

（二）作用功效

有助于增强颈后部肌肉的力量，帮助恢复颈椎的生理曲度。

（三）注意事项

双手放在颈肩部，而不是颈枕部。

八、翘首望月

（一）练习方法

（1）准备动作：站立或坐立。

（2）保持身体不动，头部用力向右旋转并尽量向后仰。

（3）目光看向右上方，保持 5 秒，随后还原（见图 2-18）。

（4）换方向再做一遍（见图 2-19）。

（5）重复做 5 次。

（二）作用功效

可以增加脑部的供血量、减轻脑血管的压力，消除脑疲劳。同时，还可以锻炼老年人的脑功能，防治阿尔茨海默病。

（三）注意事项

尽量伸直，不适用于卒中患者或颈部有外伤者。

图 2-18

图 2-19

第二节 养生保健操

一、头部养生保健操

（一）整体运动

1. 吐纳运动

[练习方法]

（1）准备动作：站立或坐立，全身放松，均匀呼吸（见图 2-20）。

（2）双脚分开站立，均匀呼吸，双臂向上举起扩胸（见图 2-21）。

（3）用鼻子吸气，然后双手自然放下，稍稍用力呼气。

（4）重复做 8 次。

图 2-20

图 2-21

[作用功效]

可以锻炼胸大肌、肩部肌肉和胸背部肌肉的力量。

[注意事项]

按呼吸节奏进行。

2.“搓头皮”运动

[练习方法]

（1）准备动作：站立或坐立。

（2）双手插入头发，由前向后做“梳头”动作（见图 2-22）。

（3）重复做 8 次。

[作用功效]

改善脑部血液循环，提高大脑摄氧量，有利于大脑皮质功能的调节。

[注意事项]

动作要轻柔和缓。

图 2-22

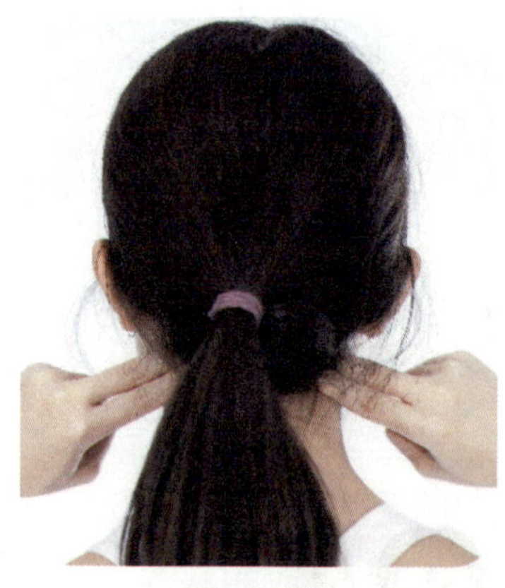

图 2-23

3. 点按风池穴

[练习方法]

（1）准备动作：站立或坐立。

（2）双手食指和中指按点风池穴（后脑勺的凹陷处）。

（3）按点时吸气，松开时呼气（见图 2-23）。

（4）重复做 7 次。

[作用功效]

有疏风解表、活血通络的功效。

[注意事项]

点按时注意不要受风寒，如吹电风扇、空调等。

4. 拿肩运动

[练习方法]

（1）准备动作：站立或坐立。

（2）双手拇指与其余四指捏拿肩部斜方肌，用力向上拿捏（见图 2-24）。

（3）重复做 12 次。

[作用功效]

锻炼斜方肌，锻炼肩部的肌肉。

[注意事项]

力度以练习者能承受的适宜度为准。

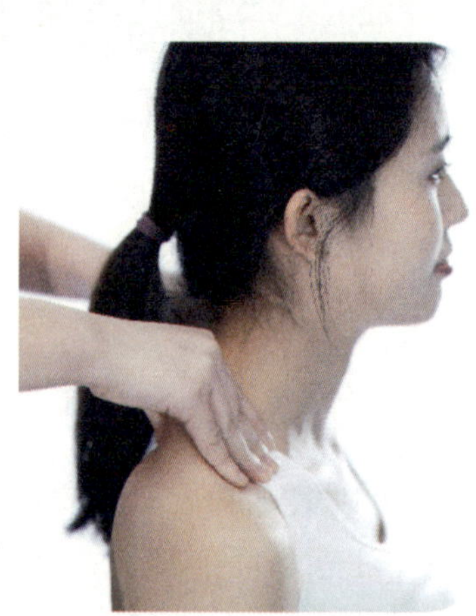

图 2-24

5. "叩击" 运动

[练习方法]

（1）准备动作：站立或坐立。

（2）两手掌按在双耳，两手的食指放在中指上，放在后脑。

（3）轻轻叩击 24 次，然后手掌按住耳孔，再突然松开（见图 2-25）。

（4）重复做 8 次。

图 2-25

[作用功效]

具有宁神、增加脑部供血量的作用。

[注意事项]

要闭目养神，手法由轻到重。

（二）健耳操

1. 吐纳运动

[练习方法]

（1）准备动作：站立或坐立，全身放松，保持均匀呼吸（见图 2-26）。

（2）双手拇指放在耳后，四指放在耳前。

（3）先自下而上，再自上而下，轻轻捋揉耳郭 30 次（见图 2-27）。

（4）重复做 3 ～ 5 次。

图 2-26

图 2-27

[作用功效]

促进耳部血液循环，刺激大脑思维，提升听力水平。

[注意事项]

力度轻柔和缓。

2. 摩擦耳郭

[练习方法]

（1）准备动作：站立或坐立。

（2）双手掌心向后方，以两手掌尺侧缘分别贴紧耳郭前方。

（3）先由前向后，再由后向前摩擦耳郭 30 次（见图 2-28）。

（4）重复做 3 ～ 5 次。

[作用功效]

改善耳部血液循环，强身健脑，提神醒脑。

[注意事项]

力度轻柔和缓。

图 2-28

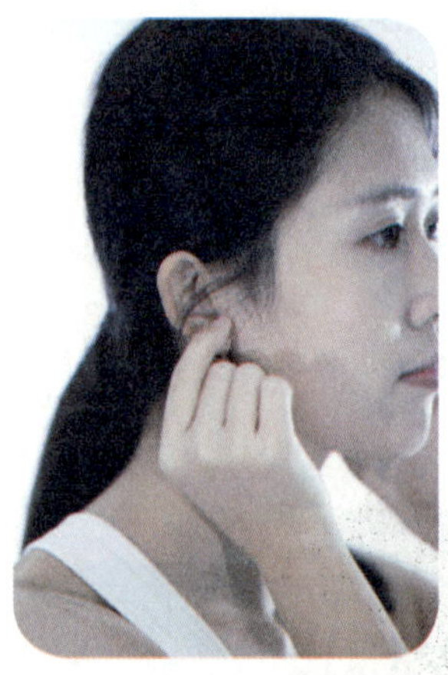

图 2-29

3. 搓捏耳垂

[练习方法]

（1）准备动作：站立或坐立。

（2）双手拇指和食指搓捻耳垂数秒，后再向下轻拉耳垂一次（见图 2-29）。

（3）重复做 30 次。

[作用功效]

使耳朵发热，可达到活血作用。

[注意事项]

搓捏耳垂的力度应适宜，不要造成疼痛。

4. 旋摩耳沟

[练习方法]

（1）准备动作：站立或坐立。

（2）双手食指放在耳郭旋涡内，轻轻摩擦耳郭窝。

（3）先向耳郭沟滑动摩擦，再向下沿耳沟滑动摩擦。

（4）食指整个运动轨迹呈 S 形（见图 2-30）。

（5）重复做 3 ～ 5 次。

[作用功效]

增强大脑反应力，提高听力。

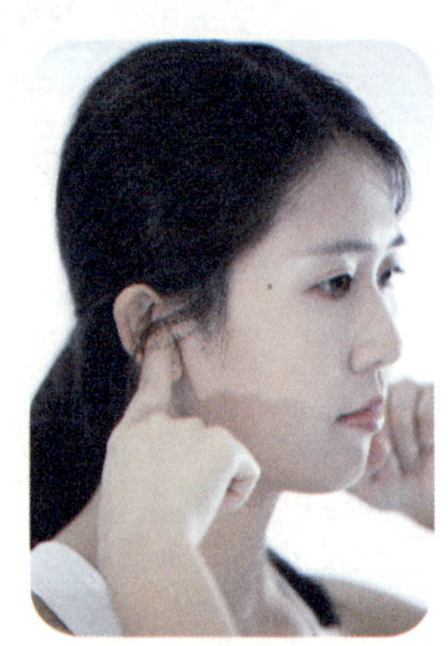

图 2-30

[注意事项]

力度轻柔和缓。

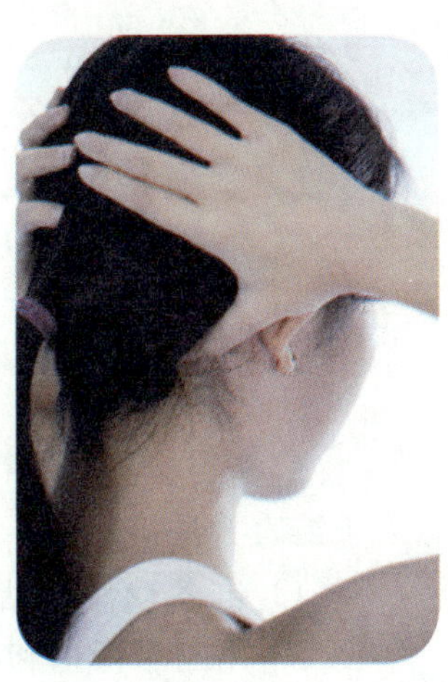
图 2-31

5. 指叩击枕

[练习方法]

（1）准备动作：站立或坐立。

（2）双手的拇指、食指和中指轻轻叩击枕后部（见图 2-31）。

（3）重复做 15 次。

[作用功效]

提神醒脑。

[注意事项]

力度适中。

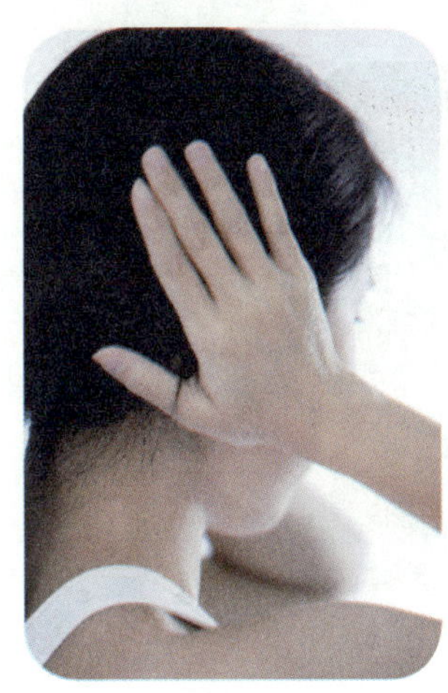
图 2-32

6. 掌心掩耳

[练习方法]

（1）准备动作：站立或坐立。

（2）掌心贴紧耳朵，用力加压，再突然松开，只听到响声（见图 2-32）。

（3）重复做 15 次。

[作用功效]

清醒头脑，增强记忆。

[注意事项]

力度适中，以自己最大承受力为准。

图 2-33

7. 指转耳

[练习方法]

（1）准备动作：站立或坐立。

（2）双手的食指或中指轻插入双耳孔的浅部（见图 2-33）。

（3）顺、逆时针各转动 5 次，重复做 15 次。

[作用功效]

促进大脑血液循环，提高听力。

[注意事项]

力度由轻到重，循序渐进。

（三）健鼻操

1. 轻擦鼻梁

[练习方法]

（1）准备动作：站立或坐立，全身放松，保持均匀呼吸（见图 2-34）。

（2）用右手拇指和食指指腹自鼻根，沿着鼻梁自上而下地轻擦至鼻尖 15 次。

（3）再用左手拇指和食指的指腹用同样的手法轻擦至鼻尖 15 次（见图 2-35）。

（4）重复做 2 ～ 3 次。

图 2-34

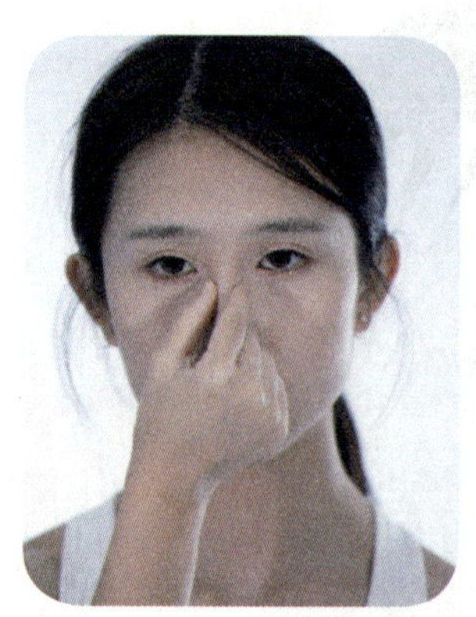

图 2-35

[作用功效]

改善鼻部血液循环，使鼻道通畅。

[注意事项]

力度轻柔和缓，力道由轻到重。

2. 按摩鼻翼

[练习方法]

（1）准备动作：站立或坐立。

（2）双手的食指指腹一起摩擦相对应侧的鼻翼 30 次（见图 2-36）。

（3）重复做 2 ～ 3 次。

[作用功效]

改善鼻黏膜血液循环，促进鼻部组织代谢。

[注意事项]

注意按摩节奏，动作轻柔和缓。

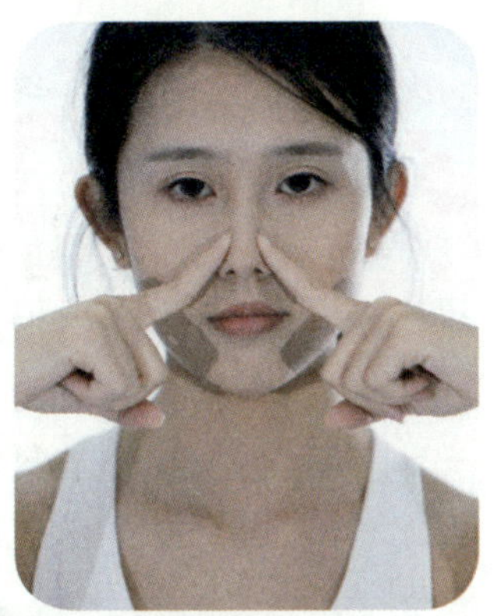

图 2–36

3. 点按鼻尖

[练习方法]

（1）准备动作：站立或坐立。

（2）右手食指指腹用力将鼻尖下按，维持几秒，再快速离开（见图 2-37）。

（3）再换左手的食指重复做以上动作。

（4）重复做 2 ～ 3 次。

[作用功效]

加快鼻尖和鼻前庭血液循环。

[注意事项]

把握好节奏、频率，不要用力点按鼻尖。

图 2–37

4. 弹拨鼻柱

[练习方法]

（1）准备动作：站立或坐立。

（2）先用右手食指指腹贴紧鼻中隔下缘鼻小柱右侧。

（3）轻轻向左弹拨鼻柱 15 次（见图 2-38）。

（4）再用左手食指指腹重复做以上动作 15 次。

（5）重复做 2 ～ 3 次。

[作用功效]

改善鼻子血液循环，增加鼻子抗感染能力，提神醒脑。

[注意事项]

由于鼻子高隆突出，在日常生活中很容易受到伤害，所以我们应加强对鼻子的日常保健，手法力度应以练习者最大承受力为准。

图 2–38

（四）健喉操

1. 按摩喉部

[练习方法]

（1）准备动作：站立或坐在椅子上，全身放松，保持均匀呼吸（见图 2-39）。

（2）用右手的拇指和食指指腹放在颈部的胸锁乳突肌前缘（见图 2-40）。

（3）双指轻轻发力，向颈前滑擦，再滑擦至颈中，做 15 次。

（4）再换左手重复做以上动作 15 次。

（5）重复做 2 ～ 3 次。

图 2-39

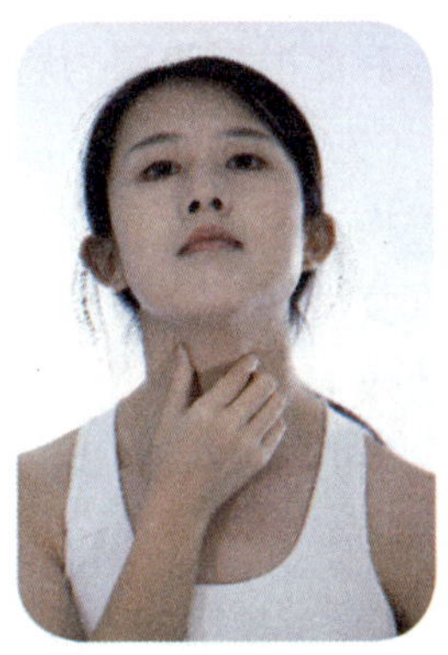

图 2-40

[作用功效]

促进喉部血液循环，提高喉部应激能力。

[注意事项]

按压时力度不宜过重。

2. 弹拨喉结

[练习方法]

（1）准备动作：站立或坐立。

（2）右手的食指指腹放在喉结的左侧，由左向右弹拨喉结，后放开喉结（见图 2-41）。

（3）换左手的食指放在喉结的右侧，由右向左弹拨喉结。

（4）左右各做 15 次，重复做 3 ～ 5 次。

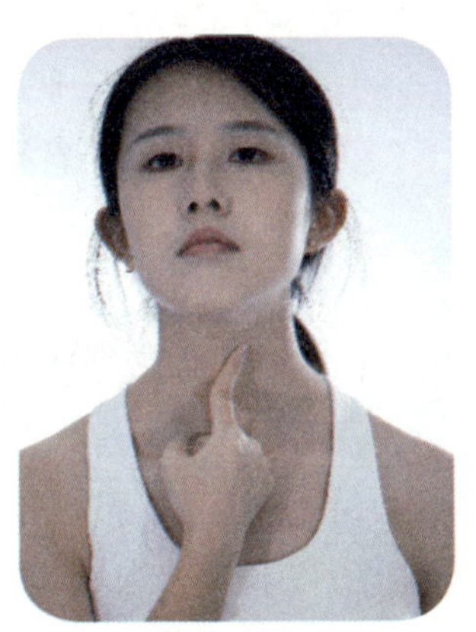

图 2-41

[作用功效]

提高喉部神经兴奋性，强化吞咽能力。

[注意事项]

力度轻柔和缓，手法不宜太重。

3. 喝水练喉

[练习方法]

（1）准备动作：站立或坐立。

（2）备温开水一杯，做湿性吞咽训练。先喝水 10mL，接着每次抿水 5mL，完成吞咽动作。

（3）重复做 30 次。

[作用功效]

强化喉部肌肉活力。

[注意事项]

咽水时不要流入喉部。

4. 轻喔震喉

[练习方法]

（1）准备动作：站立或坐立。

（2）呼气时的气体过喉咙，发出“喔”声。

（3）再将嘴微张，呼出的气体从齿缝和唇间排出（见图 2-42）。

（4）重复做 2 ～ 3 次。

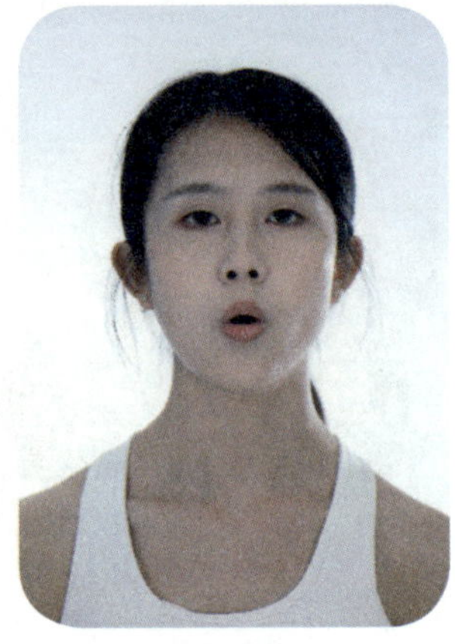

图 2-42

[作用功效]

畅通喉部通道。

[注意事项]

可当作练声，清嗓。

5. 轻提耳尖

[练习方法]

（1）准备动作：站立或坐立。

（2）双手拇指和食指提起相应侧耳尖，一提一放，重复做 30 次（见图 2-43）。

（3）重复做 2 ～ 3 次。

[作用功效]

加快耳朵血液循环，减轻喉部压力。

[注意事项]

力度不宜过大，动作要轻柔和缓。

图 2-43

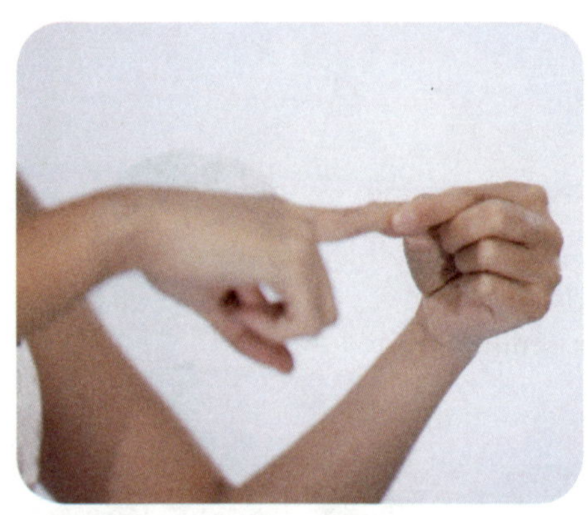

图 2-44

6. 点按指尖

[练习方法]

（1）准备动作：站立或坐立。

（2）左手拇指和食指指腹按压右手无名指两侧，一压一放（见图 2-44）。

（3）重复做 30 次。

[作用功效]

对喉部炎症患者，能起到消炎、止痛的功效。

[注意事项]

喉部保健操应在饭前进行，力度适中。

二、颈部养生保健操

（一）双手搓颈

[练习方法]

（1）准备动作：自然站立，双脚放开，与肩同宽。

（2）全身放松，保持均匀呼吸，目视前方（见图 2-45）。

（3）将双手搓热，放于颈后部，前后搓动，以有渗透热为准（见图 2-46）。

[作用功效]

增强颈部血液循环。

[注意事项]

力度由轻到重，动作轻柔和缓。

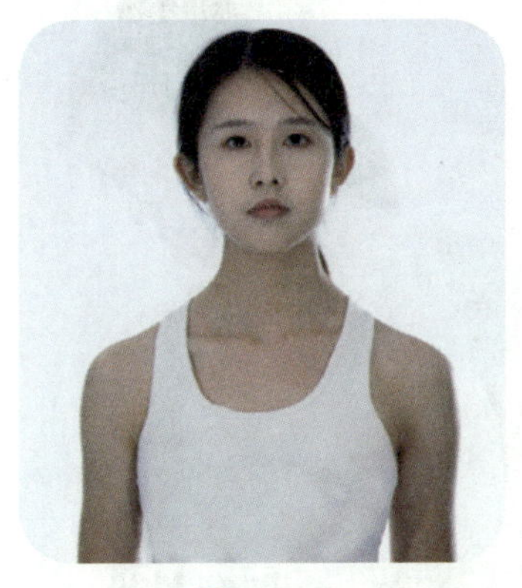
图 2-45

图 2-46

（二）按摩大椎穴

[练习方法]

（1）准备动作：站立或坐立。

（2）左手的食指放在大椎穴（人体颈部下端，第七颈椎棘突下凹陷）处。

（3）按摩 1 分钟（见图 2-47）。

[作用功效]

增强体质，强身健体，预防感冒。

[注意事项]

力度轻柔和缓。

图 2-47

（三）左右侧颈

[练习方法]

（1）准备动作：站立或坐立。

（2）目视前方，再缓慢将头向右侧倾斜，尽量靠近右肩（见图 2-48）。

（3）保持 5 秒。

（4）再将头缓慢向左侧倾斜，尽量靠近左肩（见图 2-49）。

（5）重复做 10 次。

图 2-48

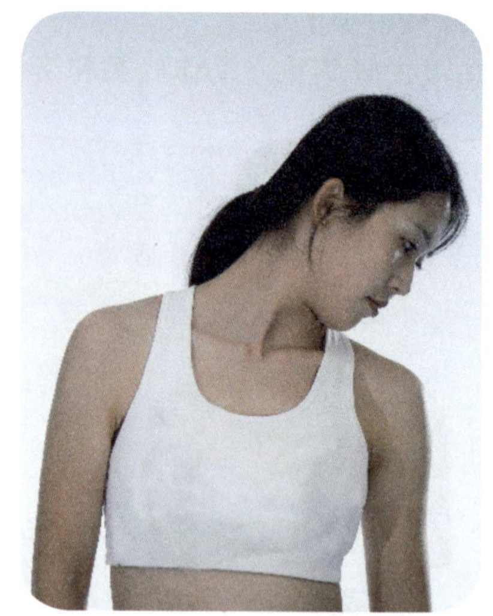

图 2-49

[作用功效]

锻炼颈部肌肉。

[注意事项]

力度以练习者最大承受力为准。

（四）左右转颈

[练习方法]

（1）准备动作：站立或坐立。

（2）目视前方，先向右侧转动头部，保持 5 秒（见图 2-50）。

（3）再向左侧转动头部，保持 5 秒（见图 2-51）。

（4）重复做 10 次，转动幅度可适当加大。

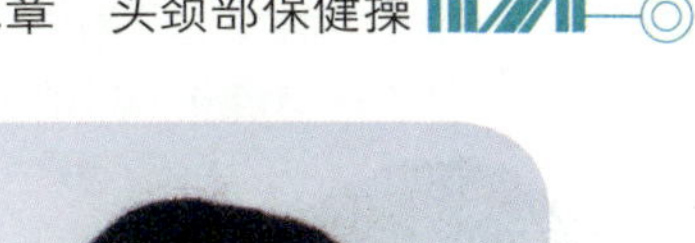

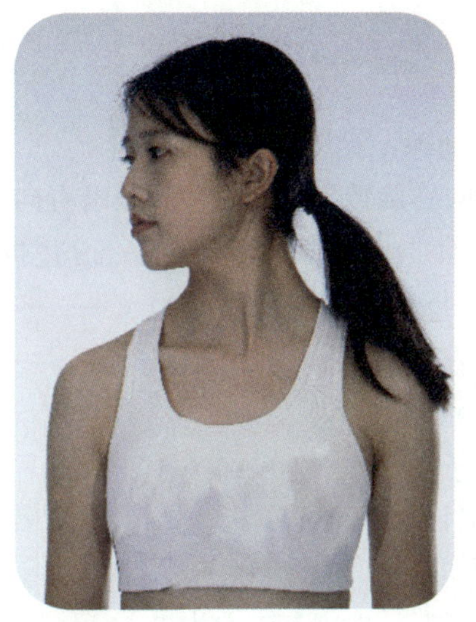
图 2-50

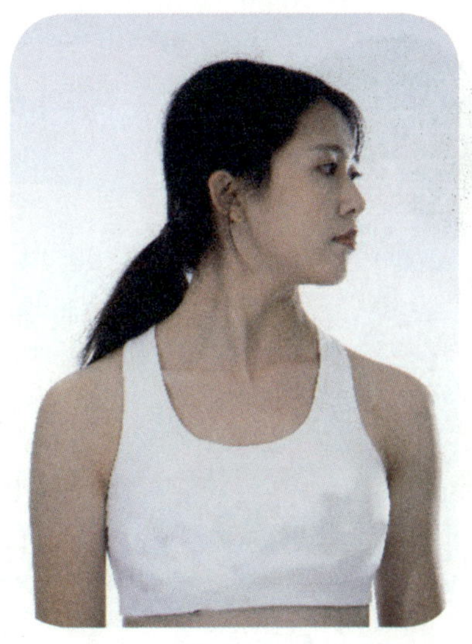
图 2-51

[作用功效]

锻炼颈部肌肉。

[注意事项]

动作幅度不宜突然加大，力道由轻到重。

（五）提伸头部

[练习方法]

（1）准备动作：站立或坐立。

（2）双手拇指按压两侧风池穴，其余四指并拢放在两侧面颊处（见图 2-52）。

（3）双手同时向上提升头部，至最高点停留 5 秒。

（4）重复做 10 次。

[作用功效]

提神醒脑，拉伸颈部肌肉。

[注意事项]

用力不宜过猛，拉伸幅度以练习者的最大承受力为准。

图 2-52

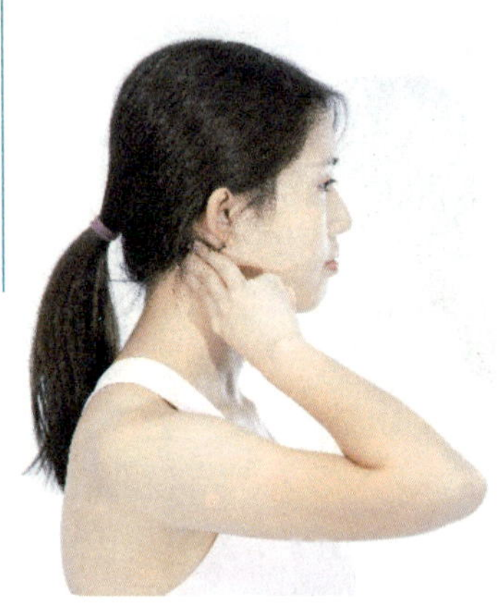
图 2-53

（六）抹擦桥弓

[练习方法]

（1）准备动作：站立或坐立。

（2）将头向右旋转到最大幅度，眼睛看向右侧。

（3）右手食指、中指和无名指三指并拢，以指腹自下而上抹擦桥弓（见图 2-53）。

（4）再用左手重复做以上动作。

（5）重复做 10 次。

[作用功效]

促进颈部血液循环。

[注意事项]

动作轻柔和缓，以有渗透力为准。

（七）头手相抗

[练习方法]

（1）准备动作：站立或坐立。

（2）双手交叉放于后脑处，双手向前用力，头颈部向后用力，形成对抗。

（3）每次对抗保持 5 秒（见图 2-54）。

（4）重复做 8 ～ 10 次。

[作用功效]

锻炼颈后部肌肉。

[注意事项]

力度适中，以自己最大承受力为准。

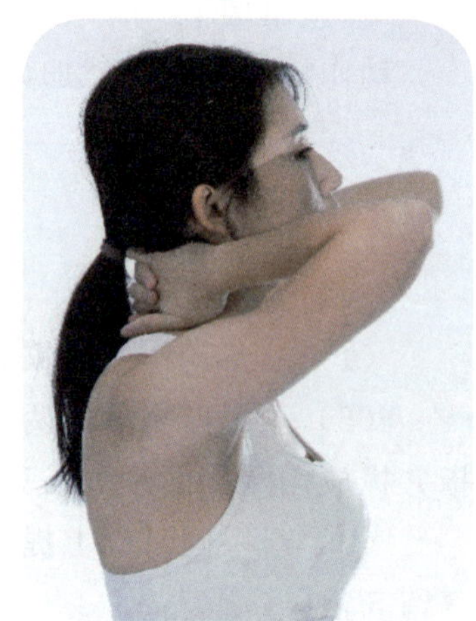
图 2-54

（八）举手望天

[练习方法]

（1）准备动作：站立或坐立。

（2）双手交叉，上举至头顶，掌心朝上，慢慢抬头望手背（见图 2-55）。

（3）维持 5 ～ 10 秒，恢复后休息几秒。

（4）重复做 8 ～ 10 次。

[作用功效]

预防和缓解颈部肌肉劳损，缓解颈部疼痛等不适症状。

[注意事项]

做以下动作时，动作应持续、缓慢、均匀，忌骤起骤停，以颈部肌肉有牵动、拉紧感为宜。

图 2–55

三、眼部养生保健操

（一）上下眼球运动

[练习方法]

（1）准备动作：坐立，保持放松状态，均匀呼吸（见图 2-56）。

（2）吸气时双眼球向上转动（见图 2-57），呼气时双眼球向下转动（见图 2-58）。

（3）重复做 5 ～ 7 次。

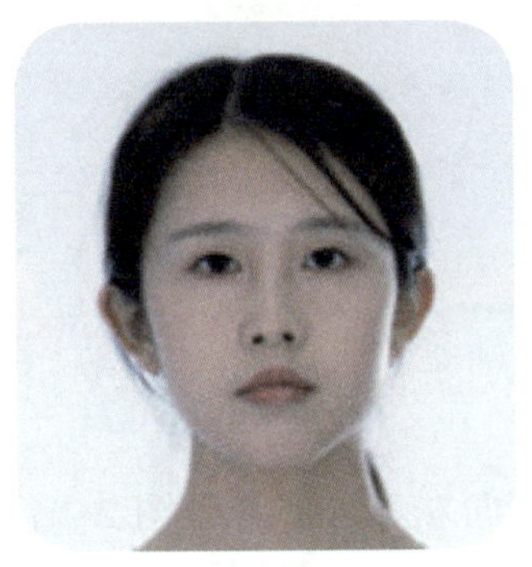

图 2–56

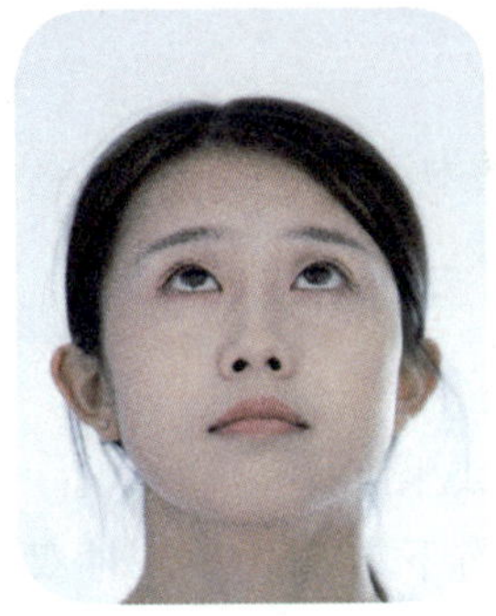

图 2–57

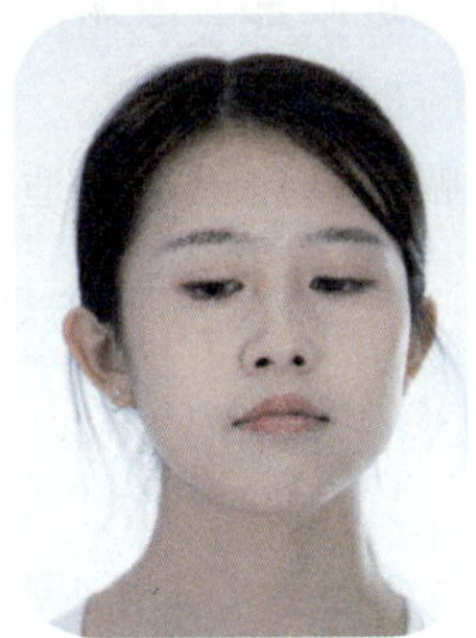

图 2–58

[作用功效]

促进眼部血液循环，增强视力。

[注意事项]

把握好上下转动的节奏、频率。

（二）左右眼球运动

[练习方法]

（1）准备动作：站立或坐立。

（2）吸气时双眼球向右转动（见图 2-59）。

（3）呼气时双眼球向左转动（见图 2-60）。

（4）重复做 5 ～ 7 次。

图 2-59

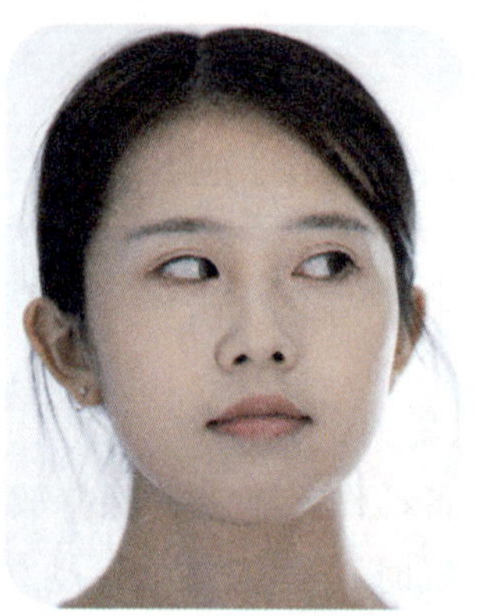

图 2-60

[作用功效]

促进眼部血液循环，醒神。

[注意事项]

幅度以自己最大适宜度为准。

（三）左右下方眼球运动

[练习方法]

（1）准备动作：站立或坐立。

（2）吸气时双眼球向右下方看，呼气时双眼球向左下方看（见图 2-61）。

（3）吸气时双眼球向左下方看，呼气时双眼球向右下方看（见图 2-62）。

（4）重复做 5 ～ 7 次。

[作用功效]

锻炼眼部肌肉，促进眼部血液循环。

[注意事项]

把握好转动节奏。

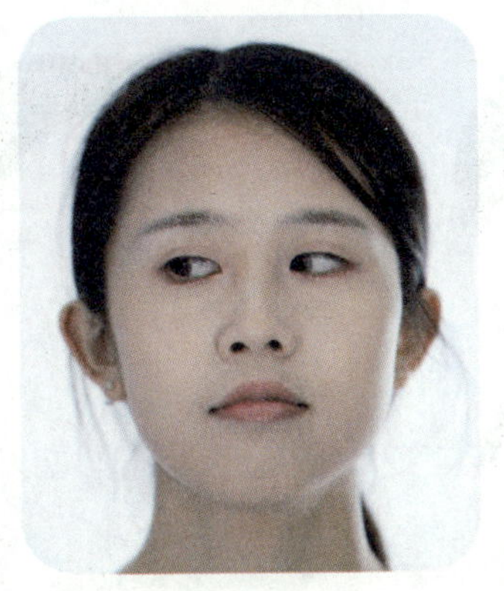
图 2-61

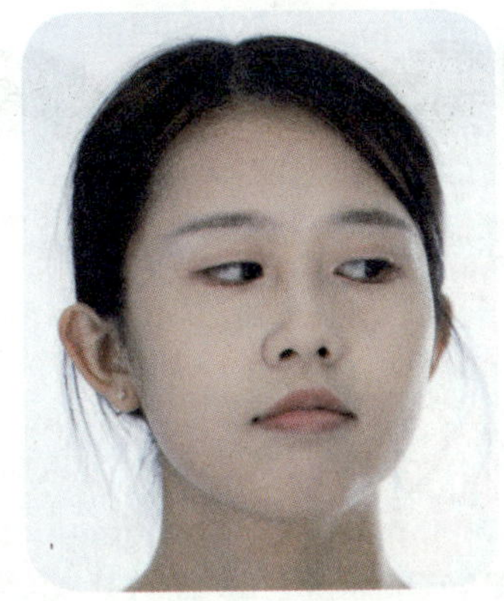
图 2-62

（四）眼球转动运动

[练习方法]

（1）准备动作：站立或坐立。

（2）双眼球先按逆时针方向转动，再按顺时针方向转动眼球（见图 2-63）。

（3）重复做 5 ～ 7 次。

[作用功效]

促进眼部血液循环，锻炼眼部肌肉。

[注意事项]

转动幅度以自己所能承受幅度为准。

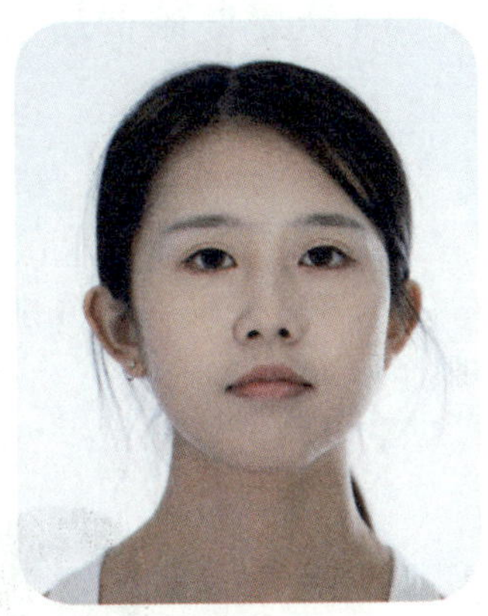
图 2-63

（五）睫状肌运动

[练习方法]

（1）准备动作：紧闭双眼（见图 2-64）。

（2）紧闭双眼几秒后睁开双眼，尽量看向远处的树或山（见图 2-65）。

（3）几秒钟后，双眼再看向自己的鼻尖（见图 2-66）。

（4）重复做 5 ～ 7 次。

[作用功效]

缓解眼部疲劳，使眼部肌肉得到放松。

[注意事项]

频率不宜过快。

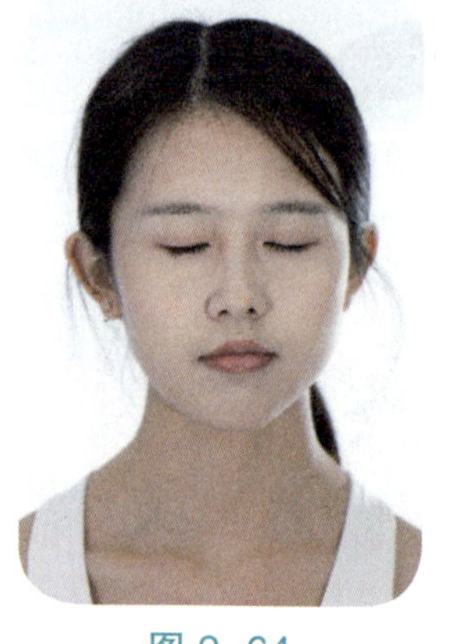

图 2-64

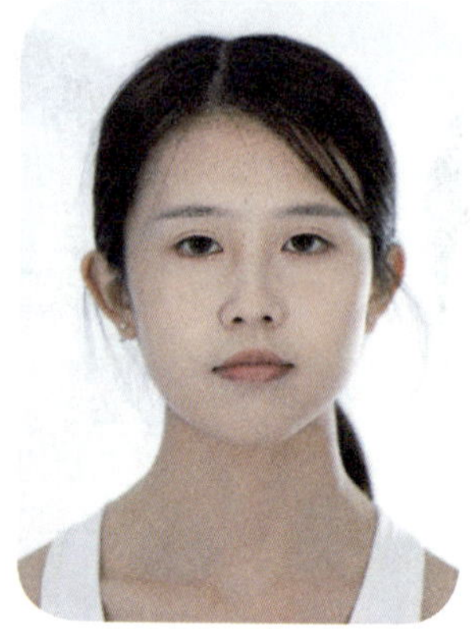
图 2-65

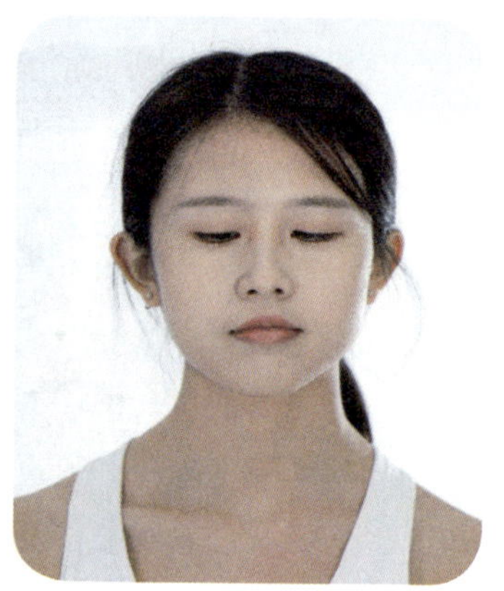
图 2-66

（六）眨眼运动

[练习方法]

（1）准备动作：站立或坐立双手掌心贴合（见图 2-67）。

（2）先紧闭双眼，双手掌摩擦至温热。

（3）将双手掌分别放在两眼球上（见图 2-68），几秒钟后，睁开双眼，眼睛眨动 8 次。

（4）重复做 5 ～ 7 次。

图 2-67

图 2-68

[作用功效]

消除眼部疲劳，锻炼眼部肌肉。

[注意事项]

自行把控眼睛睁闭的频率。

（七）抹推眼眶

[练习方法]

（1）准备动作：站立或坐立。

（2）双手的拇指放在太阳穴处，双手的食指弯成弓状。

（3）用食指的桡侧面紧贴上眼眶。

（4）自内而外，先上后下，再先下后上，抹推眼眶（见图 2-69）。

（5）重复做 5 ～ 7 次。

图 2-69

[作用功效]

可增强视力，消除眼部疲劳，促进眼部血液循环，加快眼部循环代谢，长期坚持可达到健眉明目的功效。

[注意事项]

指甲不宜太长，用指尖按摩眼穴位，动作不宜压迫到眼球。

第三节　医疗保健操

一、头部医疗保健操

（一）深呼吸

[练习方法]

（1）坐在椅子上，两脚分开与肩同宽，两手心向下放在大腿上（见图 2-70）。

（2）气沉丹田，嘴巴轻轻闭合，舌头抵住上颚，做 3 次深呼吸（见图 2-71）。

（3）重复做 2 ～ 3 次。

[作用功效]

锻炼肺部，达到提神醒脑的功效。

[注意事项]

呼吸应有一定的节奏。

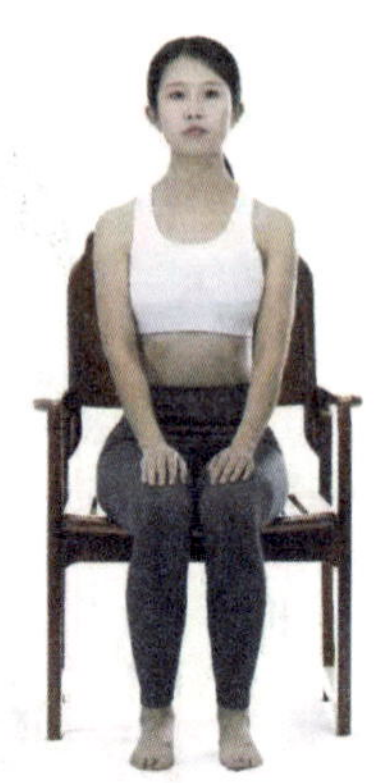

图 2-70

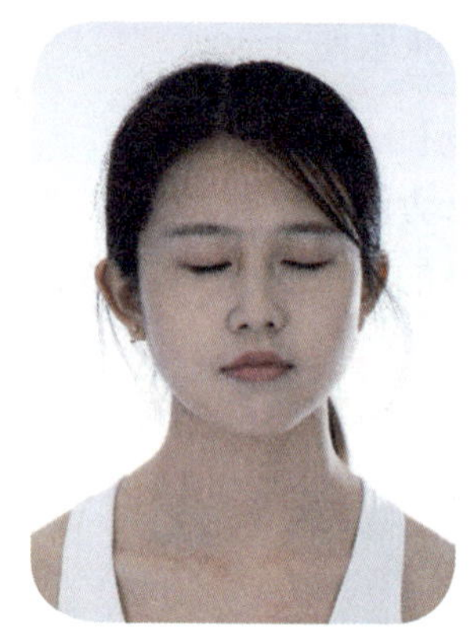

图 2-71

（二）叩齿转舌

[练习方法]

（1）准备动作：站立或坐立。

（2）用中间上下牙齿轻轻叩击 5 次，用右侧的上下牙齿轻轻叩击 5 次。

（3）用左侧的牙齿轻轻叩击 5 次。

（4）用舌头沿着牙齿内缘面、压合面、外缘面顺时针、逆时针方向各旋转 5 次（见图 2-72）。

（5）最后把产生的津液咽下。

（6）重复做 2 ～ 3 次。

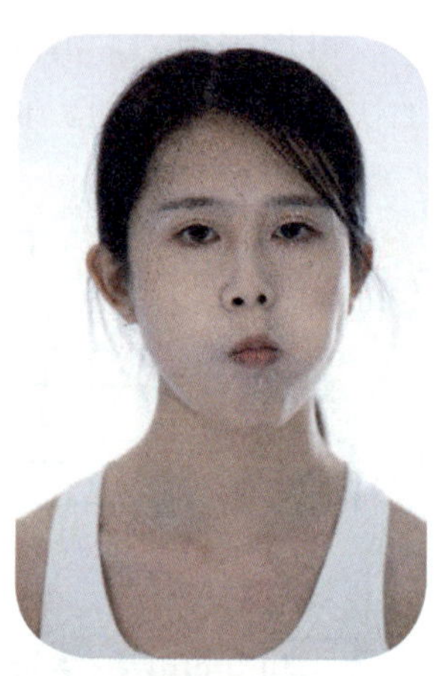

图 2-72

[作用功效]

锻炼舌头的肌肉，提神醒脑。

[注意事项]

动作幅度适宜，把握转动节奏。

（三）抱球醒脑

[练习方法]

（1）准备动作：站立或坐立。

（2）双手在胸前呈抱球状，吸气时内合，呼气时外开（见图 2-73）。

（3）重复做 5 ～ 7 次。

图 2-73

[作用功效]

提神醒脑。

[注意事项]

动作轻柔和缓。

（四）手心重叠向印堂

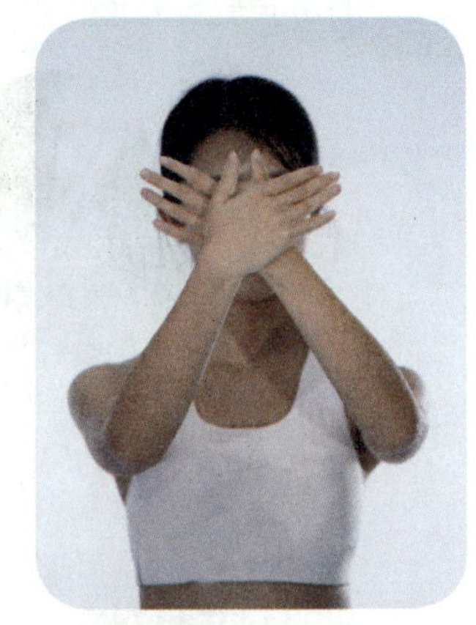
图 2–74

[练习方法]

（1）准备动作：站立或坐立。

（2）双手掌心重叠，升至印堂前，两手掌心缓慢向前推至印堂穴，再回推（见图 2-74）。

（3）重复做 5 ～ 7 次。

[作用功效]

提神醒脑。

[注意事项]

掌握自己的动作节奏。

（五）摩擦耳郭

图 2–75

[练习方法]

（1）准备动作：站立或坐立。

（2）双手摩擦生热，放在同侧的耳朵上，由前向后摩擦耳郭（见图 2-75）。

（3）重复做 9 次。

[作用功效]

促进耳朵的血液循环。

[注意事项]

动作轻柔和缓，力度由轻到重。

（六）提拿耳郭

[练习方法]

（1）准备动作：站立或坐立。

（2）先用左手经头顶，提拿右边的耳朵，做 9 次（见图 2-76）。

（3）换右手经头顶，提拿左边的耳朵，做 9 次（见图 2-77）。

（4）重复做 2 ～ 3 次。

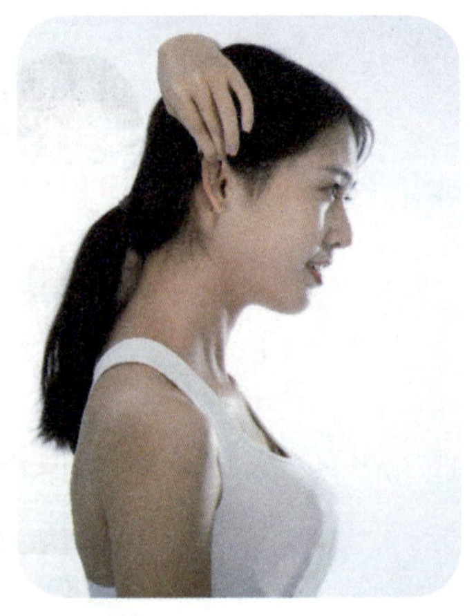

图 2-76

图 2-77

[作用功效]

促进耳部血液循环。

[注意事项]

力度以自己最大承受力为准。

（七）弹击后脑

[练习方法]

（1）准备动作：站立或坐立。

（2）双手掌心放在耳郭处，五只手指放在后脑处（见图 2-78）。

（3）将食指稍稍用力压在中指上，顺势滑下，弹击后脑 9 次（见图 2-79）。

（4）力度以自己能承受的最大程度为宜，重复做 2 ～ 3 次。

[作用功效]

提神醒脑。

[注意事项]

注意弹击力度，不宜过大。

图 2-78

图 2-79

（八）“干洗”脸部

[练习方法]

（1）准备动作：站立或坐立。

（2）双手洗干净，涂上适当的面霜或精油。

（3）双手从唇角沿鼻侧向上滑擦至印堂，再从印堂沿太阳穴滑擦至下巴（见图 2-80）。

（4）重复做 3 ～ 5 次。

[作用功效]

促进脸部血液循环，增强新陈代谢。

[注意事项]

力度不宜过大。

图 2-80

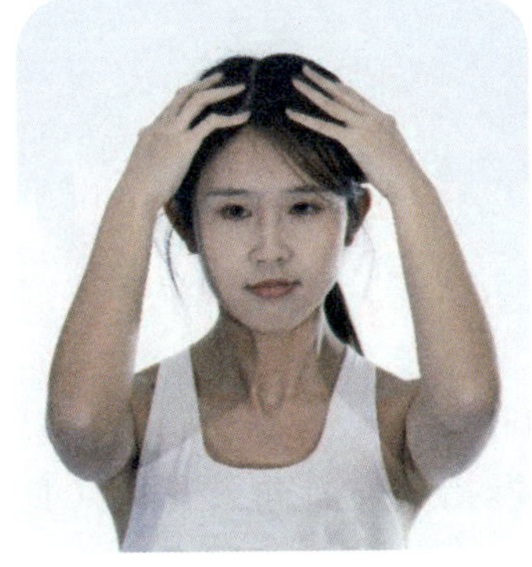
图 2-81

（九）双手“梳头”

[练习方法]

（1）准备动作：站立或坐立。

（2）双手指从前发际线“梳”到后发际线，再从耳后绕回至前发际线（见图 2-81）。

（3）重复做 5 ～ 8 次。

[作用功效]

刺激头皮末梢神经，增强头皮皮囊的血液循环。

[注意事项]

力度以自己最大适宜度为准。

（十）抱式呼吸

[练习方法]

（1）准备动作：站立或坐立。

（2）两手张开，掌心相对，再将手掌重叠放至肚脐处，均匀呼吸（见图 2-82 和图 2-83）。

（3）重复做 5 ～ 8 次。

图 2-82

图 2-83

[作用功效]

有益于调理身心，提高睡眠质量，提神醒脑。

[注意事项]

动作应规范，全程应平心静气。

二、颈部医疗保健操

（一）低头抬头

[练习方法]

（1）准备动作：身体直立，保持放松状态，均匀呼吸（见图 2-84）。

（2）缓慢低头（见图 2-85），停留 5 秒；再缓慢抬头，看向天花板（见图 2-86），停留 5 秒。

（3）将头恢复原位。

（4）重复做 3 ～ 5 次。

图 2-84

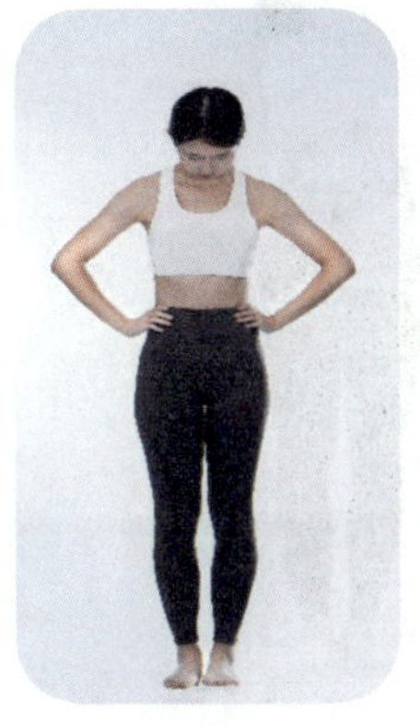

图 2-85

图 2-86

[作用功效]

拉伸颈部肌肉，缓解肩部紧张。

[注意事项]

低头抬头速度不宜过快。

（二）抬头望月

[练习方法]

（1）准备动作：站立或坐立。

（2）缓慢向右旋转头部，视线从右肩向后看（见图 2-87），停留 5 秒，后将头恢复原位。

（3）将头缓慢向左旋转，视线从左肩向后看（见图 2-88），停留 5 秒，后将头恢复原位。

（4）重复做 3 ～ 5 次。

[作用功效]

拉伸颈部，促进颈部血液循环。

[注意事项]

旋转幅度以练习者的最大承受为准。

图 2-87

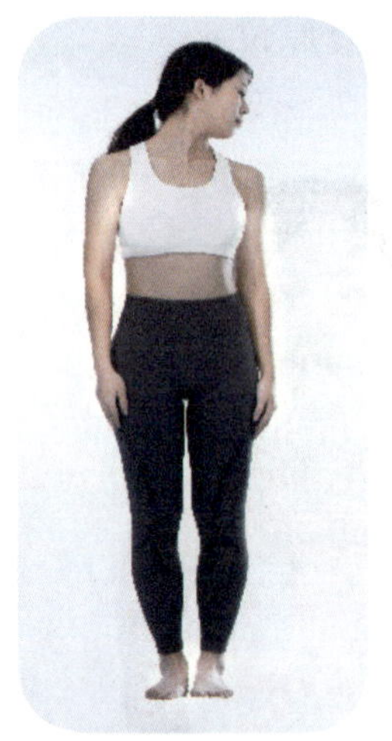
图 2-88

（三）抬肩缩颈

[练习方法]

（1）准备动作：站立或坐立。

（2）先将双肩抬起（见图 2-89），停留 5 秒，将肩部恢复原位。

（3）将肩部下沉，头部缓慢抬起，看向天花板，停留 5 秒后恢复原位（见图 2-90）。

（4）重复做 3 ～ 5 次。

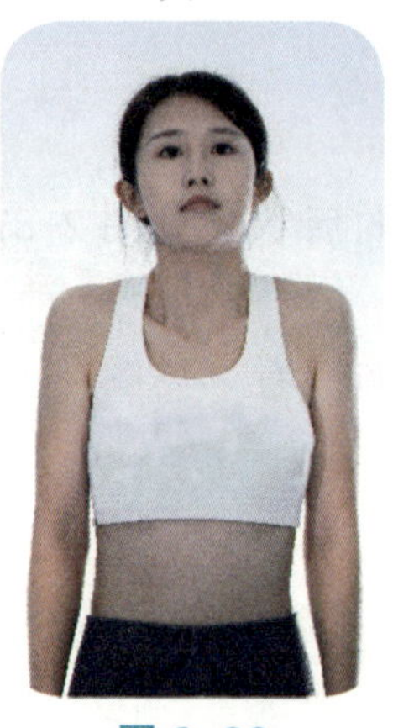
图 2-89

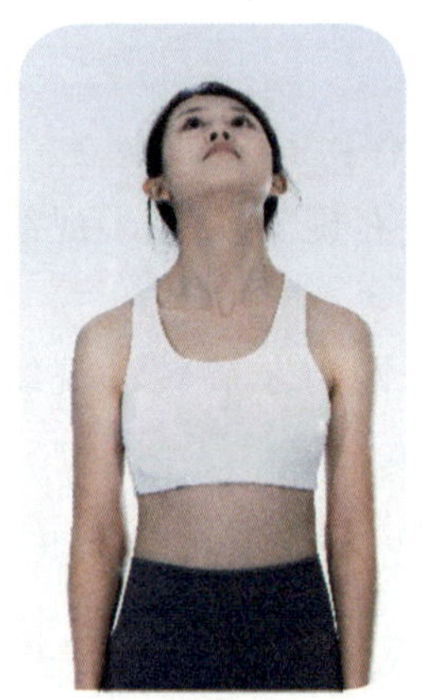
图 2-90

[作用功效]

缓解颈部的肌肉劳损，同时使肌肉得到有效锻炼。

[注意事项]

动作以肌肉得到充分拉伸为准。

（四）双手撑天

图 2-91

[练习方法]

（1）准备动作：站立或坐立。

（2）双手举过头顶，掌心向上，头部缓慢抬起，看向手背，停留 5 秒（见图 2-91）。

（3）后恢复原位。

（4）重复做 3 ～ 5 次。

[作用功效]

缓解颈部疼痛，预防和治疗落枕。

[注意事项]

动作以颈部得到充分拉伸为宜，力度以练习者的最大承受为准。

三、眼部医疗保健操

（一）快速睁闭眼

[练习方法]

（1）准备动作：站立，保持放松状态，均匀呼吸（见图 2-92）。

（2）眼睛快速睁开、闭合（见图 2-93 和图 2-94）。

（3）重复做 8 ～ 9 次。

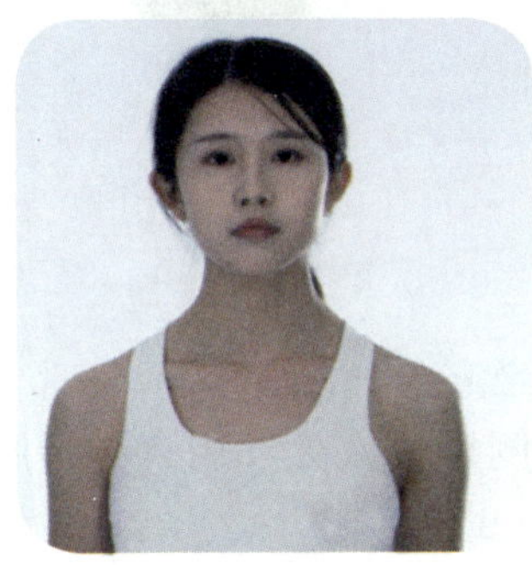
图 2-92

图 2-93

图 2-94

[作用功效]

对眼睛及周边眼肌有放松和缓解疲劳的作用。

[注意事项]

掌握自己的节奏，力度由轻到重。

（二）抬手看指

图 2-95

[练习方法]

（1）准备动作：站立或坐立。

（2）将任意手的食指抬起，放至眼中位置。

（3）再拉动手指，同时视线跟随食指的移动而移动（见图 2-95）。

（4）重复做 8 ～ 9 次。

[作用功效]

锻炼眼部肌肉。

[注意事项]

动作轻柔和缓，注意自己的节奏。

（三）按揉太阳穴

[练习方法]

（1）准备动作：站立或坐立。

（2）双手的食指放在同侧太阳穴处，用食指指腹围绕太阳穴进行按揉（见图 2-96）。

（3）重复做 8 ～ 9 次。

[作用功效]

缓解疲劳，提神醒脑。

[注意事项]

动作轻柔和缓。

图 2-96

（四）按揉攒竹穴

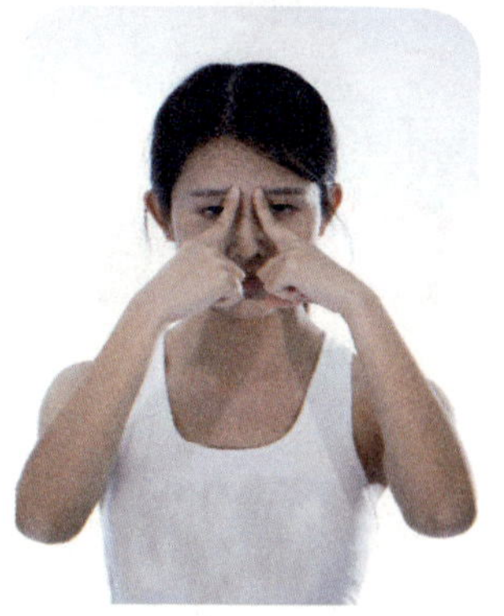
图 2-97

[练习方法]

（1）准备动作：站立或坐立。

（2）双手的食指放在同侧攒竹穴处，用食指指腹围绕攒竹穴进行按揉（见图 2-97）。

（3）重复做 8 ～ 9 次。

[作用功效]

对缓解头疼、眼睛红肿、迎风流泪有一定效果。

[注意事项]

动作轻柔和缓，注意力度适宜。

（五）按揉阳白穴

[练习方法]

（1）准备动作：站立或坐立。

（2）双手的食指放在同侧阳白穴处，用食指指腹围绕阳白穴进行按揉（见图 2-98）。

（3）重复做 8 ～ 9 次。

[作用功效]

缓解头疼，祛风明目。

[注意事项]

动作轻柔和缓，力度适宜。

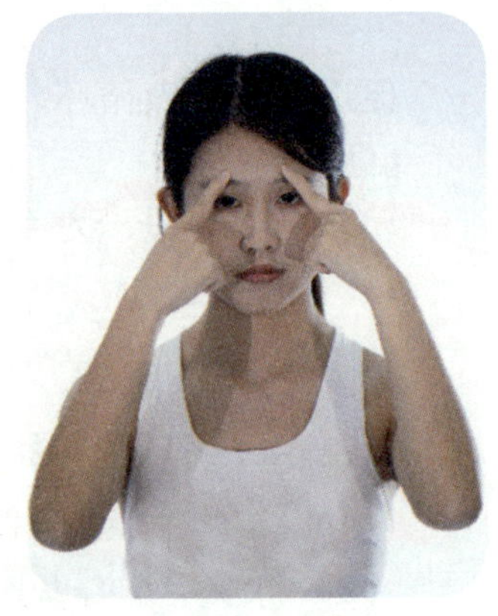

图 2-98

（六）按揉睛明穴

图 2-99

[练习方法]

（1）准备动作：站立或坐立。

（2）双手的食指放在同侧睛明穴处，用食指指腹围绕睛明穴进行按揉（见图 2-99）。

（3）重复做 8 ～ 9 次。

[作用功效]

对近视、散光、视神经炎和青光眼有一定预防保健作用，缓解眼部疲劳。

[注意事项]

动作轻柔和缓，力度适中。

（七）刮擦上眼眶

[练习方法]

（1）准备动作：站立或坐立。

（2）先将双手的拇指放在同侧的太阳穴处，再将双手微屈。

（3）将双手的食指侧面放在上眼眶上，进行自眉心向太阳穴的刮擦（见图 2-100）。

（4）重复做 8 ～ 9 次。

图 2-100

[作用功效]

促进眼睛血液循环，缓解眼睛疲劳。

[注意事项]

动作轻柔和缓，力度不宜过大。

（八）按揉眼球

[练习方法]

（1）准备动作：掌心相对，贴合于胸前（见图 2-101）。

（2）将双手掌心摩擦至微微发热，再将手掌放在眼球上（见图 2-102）。

（3）先顺时针转 9 圈，再逆时针转 9 圈。

（4）力度以练习者所能承受的最大限度为准，重复做 8 ～ 9 次。

图 2-101

图 2-102

[作用功效]

改善视力，缓解疲劳。

[注意事项]

动作不宜过大，不应压迫到眼球，穴位位置要认准。

第三章

上肢保健操

上肢是人体的一个主要部件，它具有劳动、操作、手势等多种活动的作用。手臂的屈伸、旋转等负重动作是由上肢的肌肉联合完成的。有目标的运动可以加强局部的肌肉，增强身体的机能，使身体的各部位都可以进行良好的运动，对多种上肢机能障碍有一定的保护作用。

上肢的柔韧性是指由身体某个部位受到肌力或外部力量的影响而引起的关节活动轴线旋转而得到的动作幅度，一般用关节运动来表现。就普通人的身体素质而言，柔韧性过低就代表着关节缺乏活动或者病变，或者是局部的组织出现了病变、挛缩甚至是粘连，从而影响到了活动范围。所以，加强关节的弹性也能有效地防止损伤。

上肢的保健作用在于增强臂力，增强手臂的柔韧性和运动，让血管畅通，肌肉发达，臂力增强，承受重量和耐力更好，可以更好地进行各种工作，完成自己想做的事情，得到心情愉悦的结果。

适量地锻炼上肢能有效促进上肢的力量伸展练习和灵活性，促进血液循环和皮肤代谢，还能增加肌肉的弹性。上肢锻炼的方法有很多，比如上举或是平举等都可以增加上肢手臂的力量，还能增加局部的肌肉收缩能力，以及促进手臂部位血液循环。

肩臂的保健锻炼的途径包括：局部的肩部肌肉力量，关节柔韧性，以及自我按摩。按摩能够舒筋活络、宣通气血、理筋正骨、活血散瘀。通过按摩改善病理状态，达到预防、治疗的目的。等到了中老年时期，肩臂疼、肩周炎等病症更要配合有针对性的、积极性的医疗手段，才能彻底地达到预防和治疗的目的。

在锻炼时还需要控制好时间，每次在 10 ～ 15 分钟比较好，在锻炼期间还需要注意皮肤清洁。平时在锻炼上肢时需要适当的活动，不可过度锻炼，以免对上肢的韧带筋骨造成拉伤，从而导致上肢疼痛的出现。锻炼上肢时，也可以配合其他运动，这样可以有效达到健身的效果。

适量的运动不仅可以提高身体的抵抗力，还可以提高身体的免疫力。骨关节炎及类风湿关节炎患者每天坚持适当关节运动可以达到缓解关节僵硬及保有现有的关节活动度的目的。

保健锻炼只是改善身体状态的方式之一。在锻炼的同时，还需要注意饮食问题，在锻炼的同时多吃蔬菜水果，多摄入各种微量元素，均衡营养。此外，保障优质睡眠也是维持良好身体状况的重要因素。注意调整各方面因素，进而达到改善身体状况的目标。

目前，针对此类疾病的预防和治疗有多种不同的方法，本书选取几种治疗的有效措施，供广大中老年人参考。

第一节 运动前的准备

热身最重要的一个作用，就是使身体从“安静状态 ”转变为“运动状态”，做好生理机能上的准备，不至于在运动中受伤。另外，热身还能够提高身体循环代谢机能，提高机体运输氧气和代谢废物的能力。

一、拉伸肩部关节

[练习方法]

（1）准备动作：双腿直立。

（2）抬起左臂向右侧平举（见图 3-1）。

（3）右手抬至左臂外侧并屈肘以固定左臂（见图 3-2）。

（4）左手臂向内侧用力，感到肌肉紧张即可。

（5）左右手臂交替进行（见图 3-3 和图 3-4）。

（6）重复做 5 ～ 10 次。

图 3–1

图 3–2

图 3–3

图 3–4

[作用功效]

伸展肩部肌肉，练习协调性。可以缓解肩部肌肉酸疼。

[注意事项]

用力须适当，不可过度拉伸。

二、抱肩拉伸

[练习方法]

（1）准备动作：双腿直立。

（2）双臂交叉，高举过头顶（见图 3-5）。

（3）身体向右侧弯曲，感到肩部的肌肉紧张即可（见图 3-6）。

（4）再向左侧弯曲（见图 3-7）。

（5）重复做 5 ～ 10 次。

图 3-5

图 3-6

图 3-7

[作用功效]

伸展肩部肌肉，缓解肩部肌肉酸疼。

[注意事项]

手臂尽量抱紧，但不可过度用力。

三、后举拉伸

[练习方法]

（1）准备动作：双腿直立。

（2）双手于身后相握（见图 3-8）。

（3）双臂向后伸展，直至感到肩部的肌肉紧张（见图 3-9）。

（4）保持 5 ～ 10 秒。

（5）重复做 5 ～ 10 次。

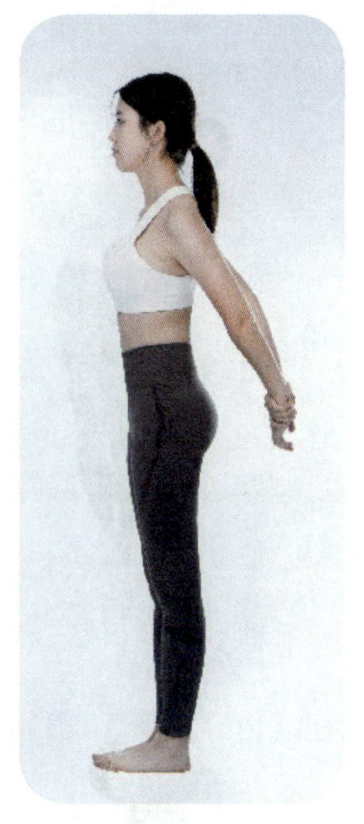

图 3–8

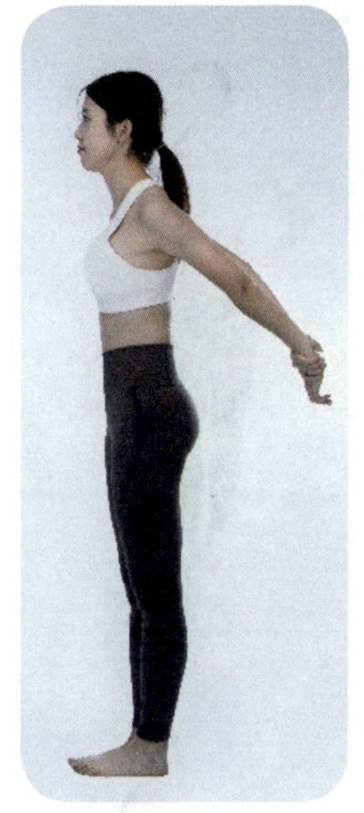

图 3–9

[作用功效]

伸展肩背部肌肉，缓解肩部肌肉酸疼。

[注意事项]

手臂尽量后伸，但不可过度用力。

四、侧方腰肌拉伸

[练习方法]

（1）准备动作：双腿直立。

（2）左手向上方伸直（见图 3-10）。

（3）深吸气并保持腹部收紧。

（4）深呼气时身体偏向右侧倾斜，同时手臂向侧边移动（见图 3-11）。

（5）保持 5 ～ 10 秒。

（6）左右手交替（见图 3-12 和图 3-13）。

（7）重复做 5 ～ 10 次。

图 3-10

图 3-11

图 3-12

图 3-13

[作用功效]

伸展肩腰部肌肉，缓解肩部肌肉酸疼。

[注意事项]

注意身体侧倾角度，不可过度用力。

五、前臂肌拉伸

[练习方法]

（1）准备动作：双腿直立。

（2）举起左手，手臂伸直，手掌外翻，掌心朝前（见图 3-14）。

（3）右手抓住左手的手指尖并向内侧用力（见图 3-15）。

（4）保持 5 ～ 10 秒。

（5）左右手交替进行（见图 3-16 和图 3-17）。

（6）重复做 5 ～ 10 次。

图 3-14

图 3-15

图 3-16

图 3-17

[作用功效]

伸展前臂肌肉，缓解前臂肌肉酸疼。

[注意事项]

注意内拉角度，不可过度用力。

六、上肢运动

[练习方法]

（1）准备动作：双腿直立。

（2）两臂胸前平屈后振，拳心向下（见图 3-18）。

（3）两臂伸直打开，掌心向下（见图 3-19）。

（4）两臂经体侧上举后振，掌心向前（见图 3-20）。

（5）两臂垂下后振，掌心向后（见图 3-21）。

（6）重复做 3 ～ 4 次。

图 3-18

图 3-19

图 3-20

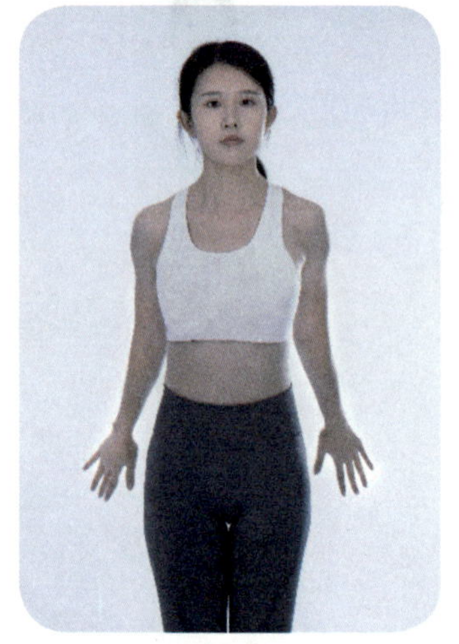

图 3-21

[作用功效]

伸展上肢肌肉，锻炼臂部肌肉，练习协调性。

[注意事项]

手臂伸直，注意每个节拍掌心方向，动作协调，适当用力。

第二节　养生保健操

一、肩部养生保健操

（一）上举手臂

[练习方法]

（1）准备动作：双脚并拢，手臂垂于体侧（见图 3-22）。

（2）双臂经体前向上伸展，高举过头顶，掌心相对（见图 3-23）。

（3）双手放松下落还原。

（4）再次向上摆臂，同时双膝弯曲（见图 3-24）。

（5）伸直双膝，双手放松下落还原。

（6）重复做 5 ～ 10 次。

图 3-22

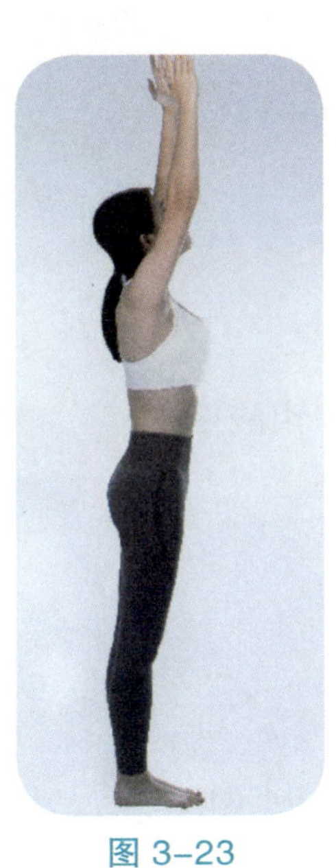

图 3-23

图 3-24

[作用功效]

伸展肩部肌肉，锻炼腿部肌肉，练习手脚协调性，缓解肩部肌肉酸疼。

[注意事项]

手臂要伸直，尽量向上伸展。上举手臂与双膝弯曲要同时进行。

（二）下摆手臂

[练习方法]

（1）准备动作：放松身体。

（2）一只手扶在椅背上，另一只手轻轻地前后、左右摆动手臂（见图 3-25 和图 3-26）。

（3）双手交替进行。

（4）重复做 5 ～ 10 次。

图 3-25

图 3-26

[作用功效]

伸展肩部肌肉，缓解肩部肌肉酸疼。

[注意事项]

动作轻柔，不可用力过猛。

（三）俯卧抬臂

[练习方法]

（1）准备动作：俯卧平躺（见图 3-27）。

（2）尽力向后抬起双臂（见图 3-28）。

（3）保持姿势 5 秒。

（4）恢复起始状态。

（5）重复做 5 ～ 10 次。

图 3-27

图 3-28

[作用功效]

伸展肩背部肌肉，缓解肩背部肌肉酸疼。

[注意事项]

做本动作时，注意颈部用力情况，尽量保持放松。

（四）下摆手臂

[练习方法]

（1）准备动作：仰卧平躺（见图 3-29）。

（2）抬起右前臂，与水平面成 90° 角（见图 3-30）。

（3）以肘部为中心，轻轻地前后转动手臂。

（4）重复做 5 ～ 10 次。

图 3-29

图 3-30

[作用功效]

伸展肩前部肌肉，缓解肩前部肌肉酸疼。

[注意事项]

做本动作时，如果感觉到关节疼痛，可改为抬前臂至 45°。

（五）旋转手臂

[练习方法]

（1）准备动作：双脚张开，宽与肩平。

（2）双手触及两侧肩部（见图 3-31）。

（3）以肩关节为中心，由后向前缓慢旋转（见图 3-32 和图 3-33）。

（4）再由前向后旋转 10 ～ 15 次（见图 3-34 和图 3-35）。

（5）重复做 20 ～ 30 次。

图 3-31

图 3-32

图 3-33

图 3-34

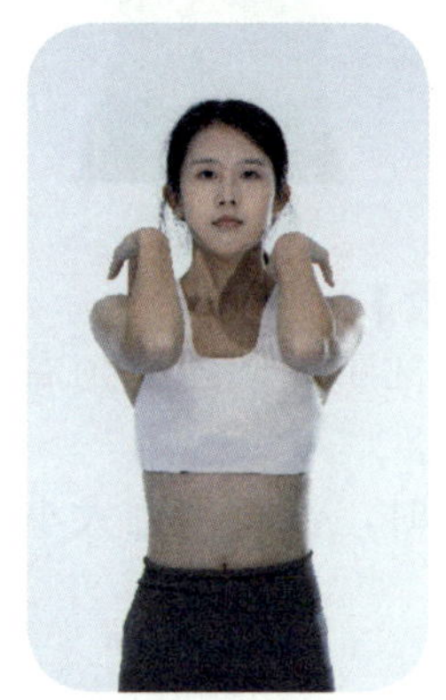
图 3-35

[作用功效]

伸展肩部周围肌肉，缓解肩周围肌肉酸疼。

[注意事项]

做本动作时，注意运动速度，不可过快，以免拉伤。

（六）抬头望手

[练习方法]

（1）准备动作：双脚张开，宽与肩平。

（2）手指交叉，双手上举过头，掌心向上（见图 3-36）。

（3）头仰起，看向手背，保持 5 秒（见图 3-37）。

（4）重复做 5 ～ 10 次。

图 3-36

图 3-37

[作用功效]

伸展颈肩部肌肉，缓解颈肩肌肉酸疼。

[注意事项]

做本动作时，注意用力大小，以免拉伤。

二、手臂养生保健操

（一）敲打手臂

[练习方法]

（1）准备动作：双脚并拢，手臂垂于体侧。

（2）用靠小指侧的右手手掌敲打左手臂（见图 3-38 ～图 3-42）。

（3）左右手交换（见图 3-43 ～图 3-48）。

（4）每一侧由下至上敲打两次。

（5）重复做 5 ～ 10 次。

[作用功效]

放松手臂肌肉，疏通手臂经络，促进血液循环，缓解胸闷、心慌、气急等症状。

[注意事项]

敲打落点相隔 2 厘米，注意敲打力度应适宜，不可用力过猛。

图 3-38

图 3-39

图 3-40

图 3-41

图 3-42

图 3-43

图 3-44

图 3-45

图 3-46

图 3-47

图 3-48

（二）屈伸手臂

[练习方法]

（1）准备动作：双脚并拢，手臂垂于体侧（见图 3-49）。

（2）双手与肩同宽向前伸直。

（3）手指手掌用力伸展开（见图 3-50）。

（4）手掌收紧握拳（见图 3-51）。

（5）屈肘压臂（见图 3-52）。

（6）重复做 5 ～ 10 次。

图 3-49

图 3-50

图 3-51

图 3-52

[作用功效]

促进血液循环，加强新陈代谢，活动手指、手腕、手肘和肩关节。

[注意事项]

注意运动速度和用力大小，不可过快过重。

（三）旋转手臂

[练习方法]

（1）准备动作：双脚并拢，手臂垂于体侧（见图 3-53）。

（2）左手向前伸直。

（3）左手握拳（见图 3-54）。

（4）手臂整体向内旋转 180°（见图 3-55）。

（5）然后向外旋转 180°。

（6）左右手交替（见图 3-56 和图 3-57）。

（7）重复做 5 ～ 10 次。

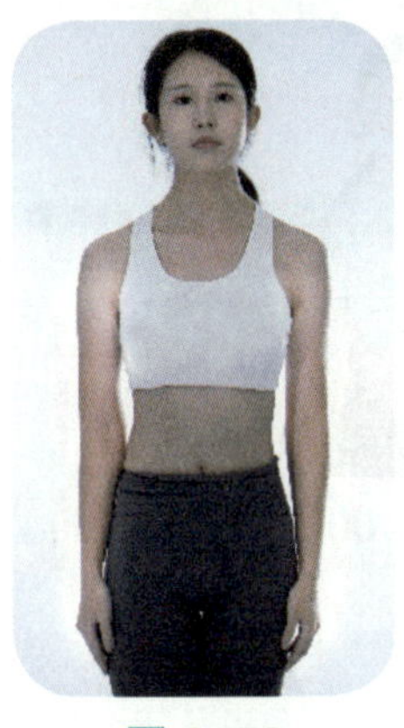

图 3-53

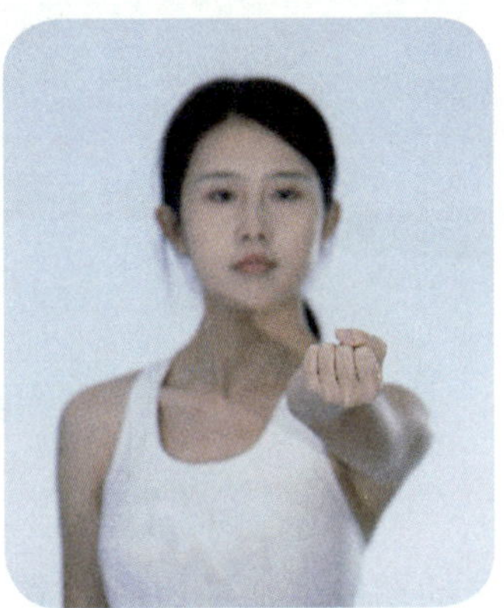

图 3-54

图 3-55

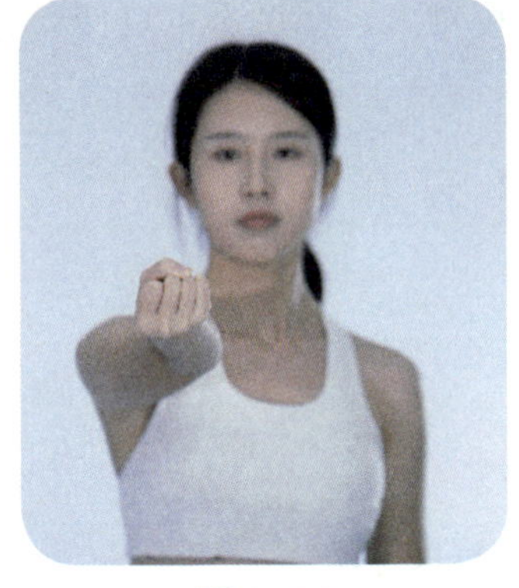

图 3-56

图 3-57

[作用功效]

锻炼手臂内外旋转相关肌肉的运动功能，活动肘关节。

[注意事项]

注意运动速度和旋转角度大小，不可过快，角度不可过大。

（四）平举后伸

[练习方法]

（1）准备动作：取站位，身体直立。

（2）双手与肩同宽向前伸直并握拳（见图 3-58）。

（3）双肘屈曲向后伸展（见图 3-59）。

（4）双肘前收。

（5）展臂同时向后伸展（见图 3-60）。

（6）重复做 5 ～ 10 次。

图 3-58

图 3-59

图 3-60

[作用功效]

锻炼手臂和肩部相关肌肉的运动功能，活动肩肘关节。

[注意事项]

注意运动速度和伸展力度大小，力度不可过大，幅度不可过伸。

三、手部养生保健操

（一）手指按摩

[练习方法]

（1）准备动作：双手伸开。

（2）用左手拇指和食指揉捏右手手指（见图 3-61）。

（3）从指根开始向指尖移动（见图 3-62 和图 3-63）。

（4）双手交替进行。

（5）各重复做 5 ～ 10 次。

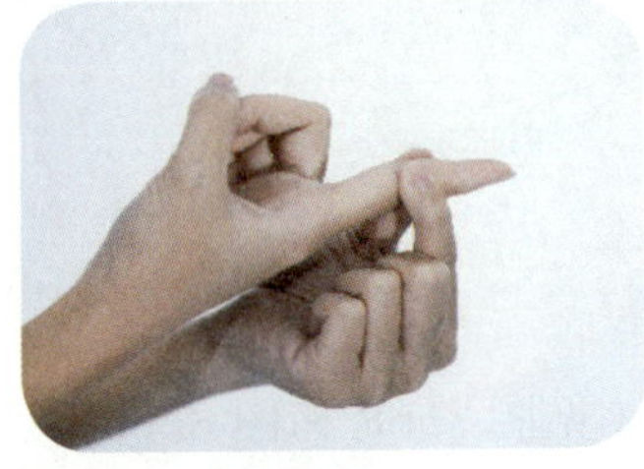

图 3-61

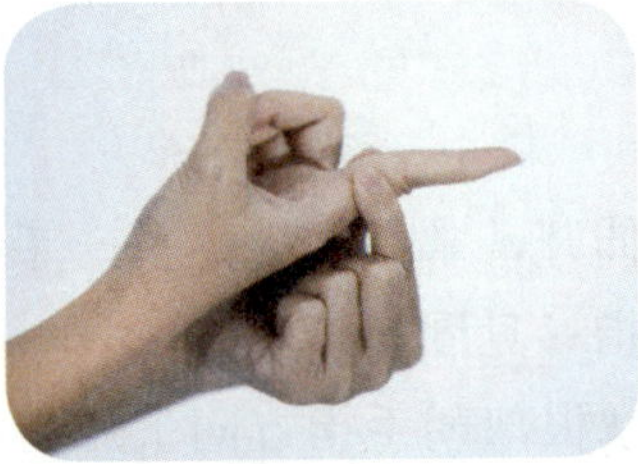

图 3-62

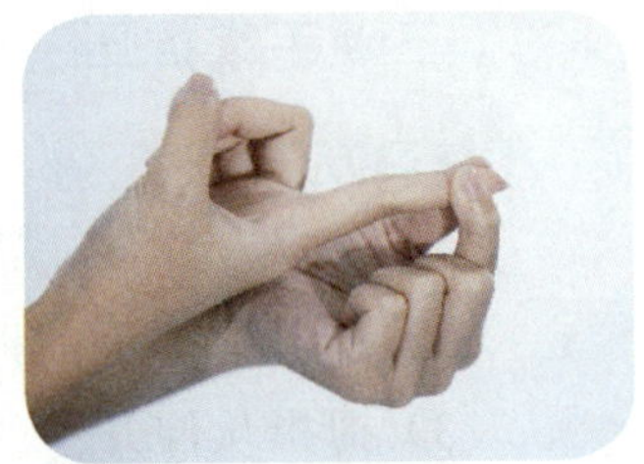

图 3-63

[作用功效]

活动手指部肌肉，缓解肌肉疲劳。

[注意事项]

揉捏力度和幅度不可过大。

（二）手掌按摩

[练习方法]

（1）准备动作：双手伸开（见图 3-64）。

（2）双手手心对合内推（见图 3-65）。

（3）放松后十指交叉内推（见图 3-66）。

（4）保持 5 ～ 10 秒。

（5）重复做 5 ～ 10 次。

图 3-64

图 3-65

图 3-66

[作用功效]

缓解手掌部肌肉疲劳，拉伸指间部位。

[注意事项]

不可用力过猛，避免过度用力导致损伤。

（三）手掌推压

[练习方法]

（1）准备动作：一手伸开，掌心向上，另一手握拳。

（2）伸开握拳手的拇指（见图 3-67）。

（3）拇指从伸开手的掌根部朝手指方向下压前推（见图 3-68 和图 3-69）。

（4）双手交替进行。

（5）重复做 5 ～ 10 次。

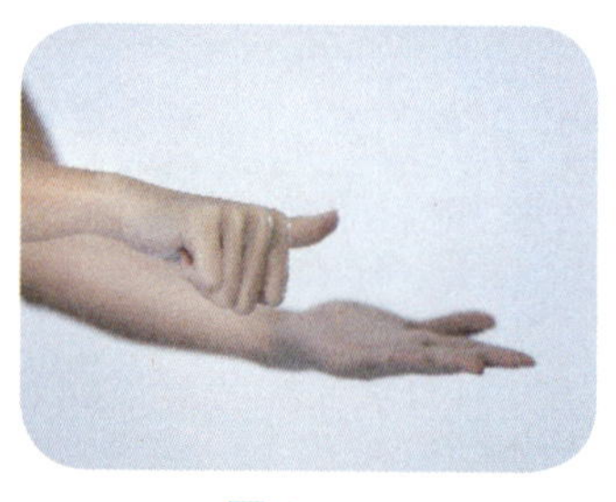

图 3-67

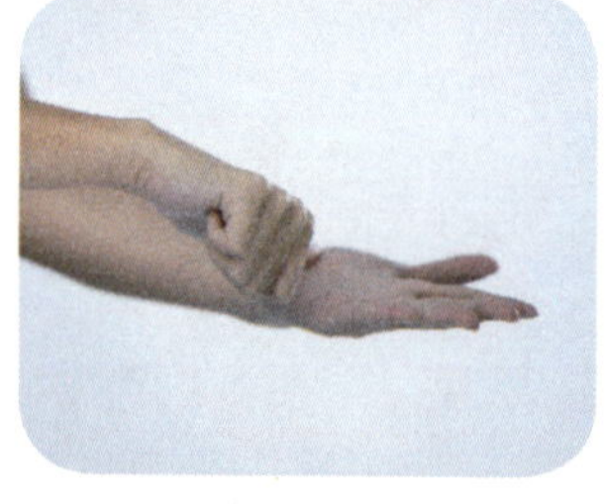

图 3-68

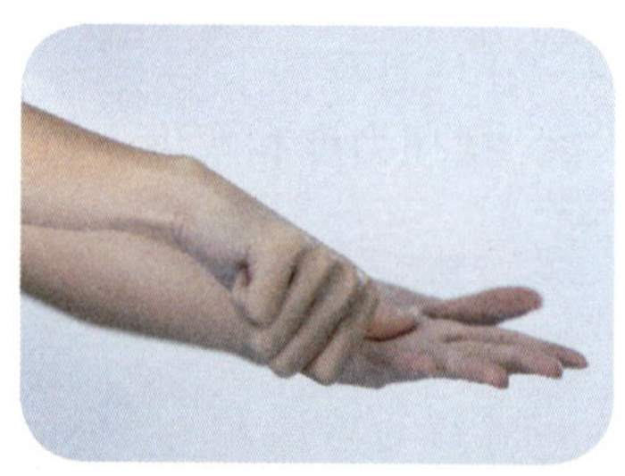

图 3-69

[作用功效]

缓解手掌部肌肉疲劳，拉伸掌部组织。

[注意事项]

不可用力过猛，动作要轻柔，避免过度用力导致损伤。

（四）拇指拉伸

[练习方法]

（1）准备动作：一手伸开，另一手握拳（见图 3-70）。

（2）握拳手为空拳，握住另一手大拇指，顺时针旋转（见图 3-71 和图 3-72）。

（3）改换食指、中指、无名指和小指。

（4）双手交替进行。

（5）重复做 5 ～ 10 次。

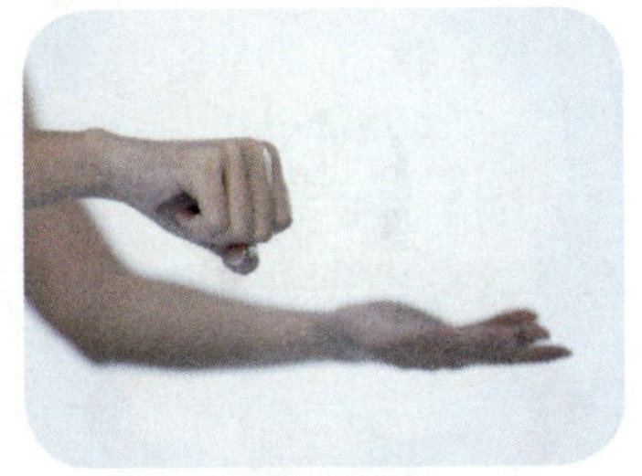
图 3-70

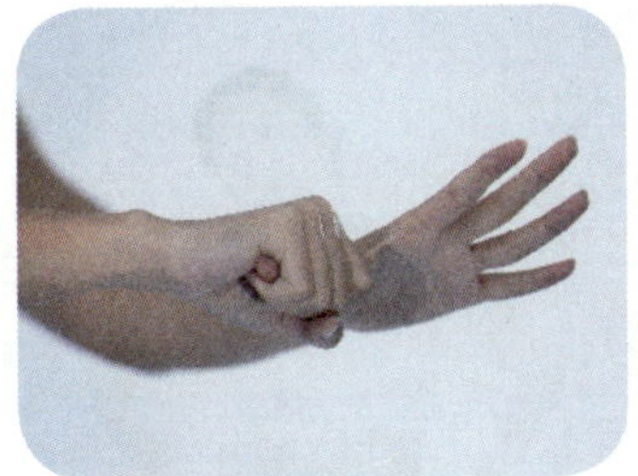
图 3-71

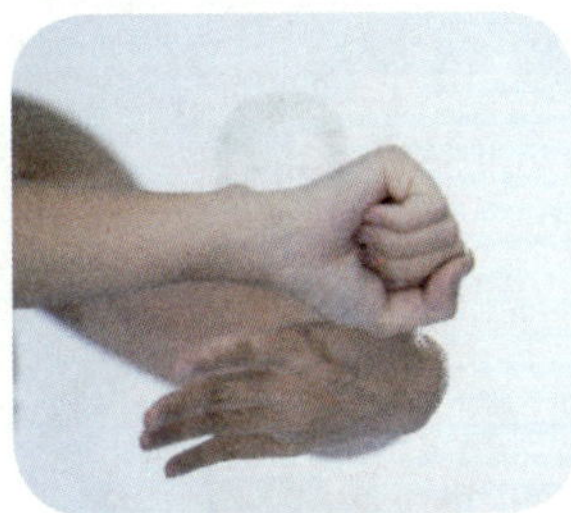
图 3-72

[作用功效]

缓解手指部肌肉疲劳，拉伸手指组织。

[注意事项]

不可用力过猛，动作要轻柔，避免过度用力导致损伤。

第三节　医疗保健操

一、肩部医疗保健操

（一）耸肩转头

[练习方法]

（1）准备动作：身体直立放松。

（2）耸肩，保持 5 秒（见图 3-73）。

（3）头部向左肩膀靠近，然后向后转（见图 3-74 和图 3-75）。

（4）头部向右肩膀靠近，然后向前转（见图 3-76 和图 3-77）。

（5）重复做 5 ～ 10 次。

图 3–73

图 3–74

图 3–75

图 3–76

图 3–77

[作用功效]

促进颈肩部的血液循环，锻炼颈肩部肌肉力量。

[注意事项]

不可用力过猛，动作要轻柔，避免过度用力导致损伤。

（二）伸肩转头

[练习方法]

（1）准备动作：身体直立放松，目视前方。

（2）双手置于颈后（见图 3-78 和图 3-79）。

（3）颈部后伸，双臂打开，挺直胸背（见图 3-80）。

（4）使两侧肩胛部位尽量靠近。

（5）恢复原位。

（6）重复做 5 ～ 10 次。

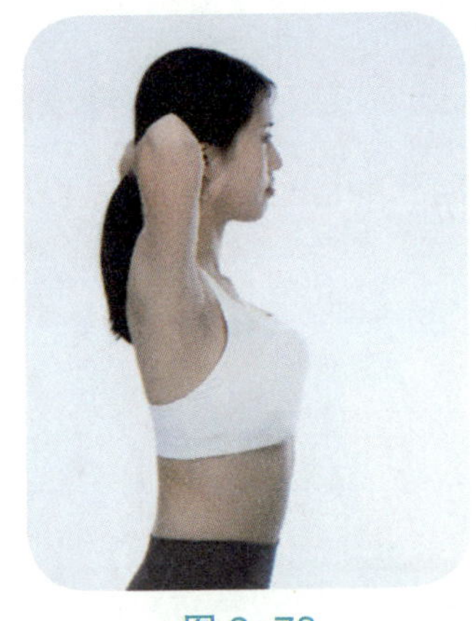
图 3-78

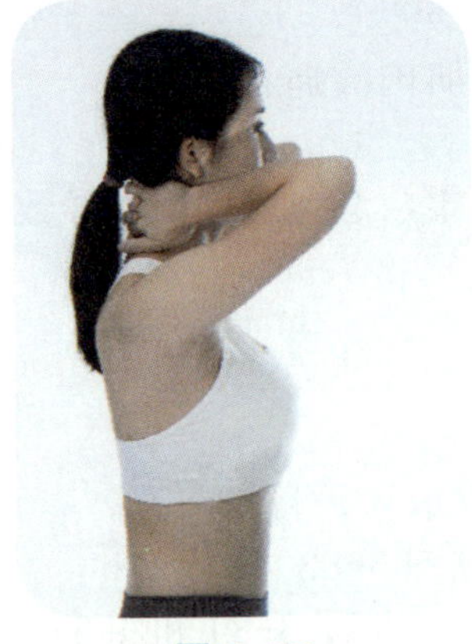
图 3-79

图 3-80

[作用功效]

拉伸肩背部的同时，放松颈部后方的肌肉，保持正常的生理弯曲。

[注意事项]

不可用力过猛，动作要轻柔，避免过度用力导致损伤。

（三）开肩合手

[练习方法]

（1）准备动作：身体直立放松，目视前方。

（2）双手置于后背，掌心相对合拢（见图 3-81）。

（3）双肩打开，挺直胸背，向后伸展（见图 3-82）。

（4）保持 10 ～ 20 秒。

（5）恢复原位。

（6）重复做 5 ～ 10 次。

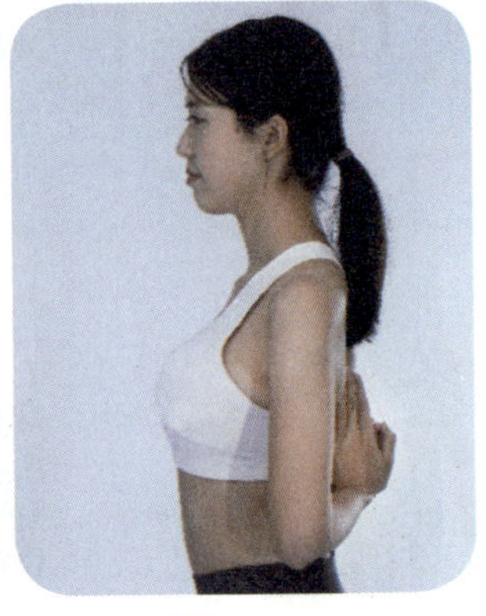
图 3-81

图 3-82

[作用功效]

拉伸肩背部的肌肉，缓解肌肉酸痛。

[注意事项]

不可用力过猛，动作要轻柔，避免过度用力导致损伤。

（四）旋肩运动

[练习方法]

（1）准备动作：身体直立放松，目视前方。
（2）右手置于左肩部（见图 3-83）。
（3）左肩做前后上下运动（见图 3-84 和图 3-85）。
（4）恢复原位（见图 3-86）。
（5）双肩及双手交替进行（见图 3-87 ～图 3-90）。
（6）重复做 5 ～ 10 次。

图 3-83

图 3-84

图 3-85

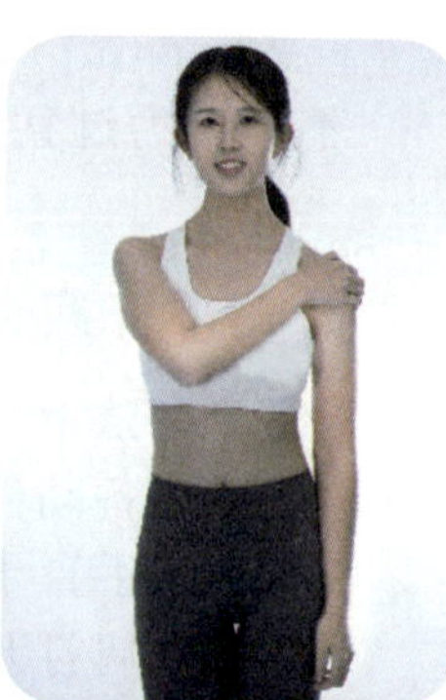
图 3-86

图 3-87

图 3-88

图 3-89

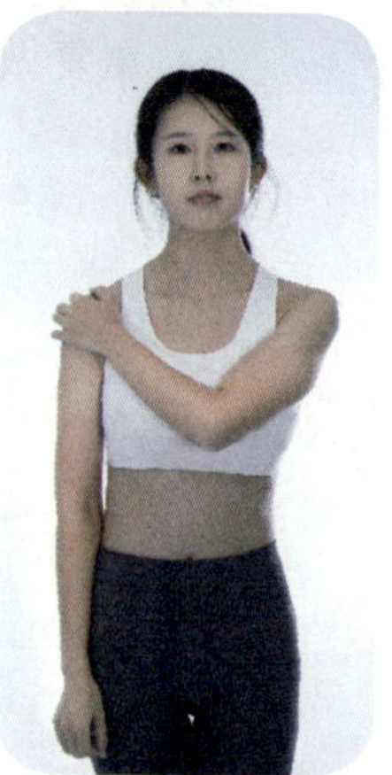
图 3-90

[作用功效]

拉伸肩臂部的肌肉，缓解肌肉酸痛。

[注意事项]

不可用力过猛，动作要轻柔，避免过度用力导致损伤。

二、手臂医疗保健操

（一）转肘运动

[练习方法]

（1）准备动作：身体直立放松，目视前方。

（2）抬起右手臂，右上臂与右前臂成直角。

（3）向上摆动 90°（见图 3-91）。

（4）再向下摆动 90°（见图 3-92）。

（5）双臂交替进行（见图 3-93 和图 3-94）。

（6）重复做 5 ～ 10 次。

图 3-91

图 3-92

图 3-93

图 3-94

[作用功效]

锻炼肘部活动性，增强肌肉控制力。

[注意事项]

不可用力过猛，动作要轻柔，避免过度用力导致关节损伤。

（二）寻肩运动

[练习方法]

（1）准备动作：身体直立放松，目视前方。

（2）抬起手臂，与身体的冠状面平行（见图 3-95）。

（3）前臂向前下方 45° 伸直（见图 3-96）。

（4）弯曲肘关节，手指接触肩膀（见图 3-97 和图 3-98）。

（5）保持 10 秒左右。

（6）重复做 5 ～ 10 次。

图 3-95

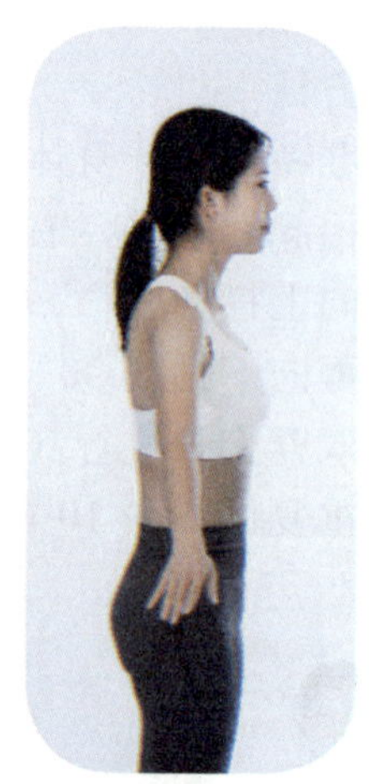
图 3-96

图 3-97

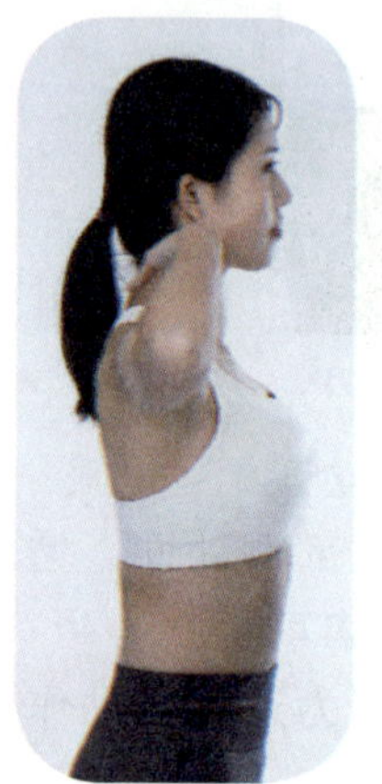
图 3-98

[作用功效]

锻炼手臂活动性，增强肌肉控制力。

[注意事项]

不可用力过猛，动作要轻柔，避免过度用力导致组织损伤。

（三）交叉后伸

[练习方法]

（1）准备动作：放松站立。

（2）双手十指交叉于后背（见图 3-99）。

（3）舒展胸部，手臂尽量抬高（见图 3-100）。

（4）适当用力，保持姿势 10 秒。

（5）重复做 5 ～ 10 次。

图 3-99

图 3-100

[作用功效]

拉伸手指的肌肉，缓解肌肉酸痛。

[注意事项]

向后拉伸角度适宜，不可用力过猛。

（四）握腕后伸

[练习方法]

（1）准备动作：放松站立，一手置于后腰部（见图 3-101）。

（2）并于后腰部握住另一只手的手腕（见图 3-102）。

（3）相互抗争牵拉。

（4）适当用力，保持姿势 10 秒。

（5）重复做 5 ～ 10 次。

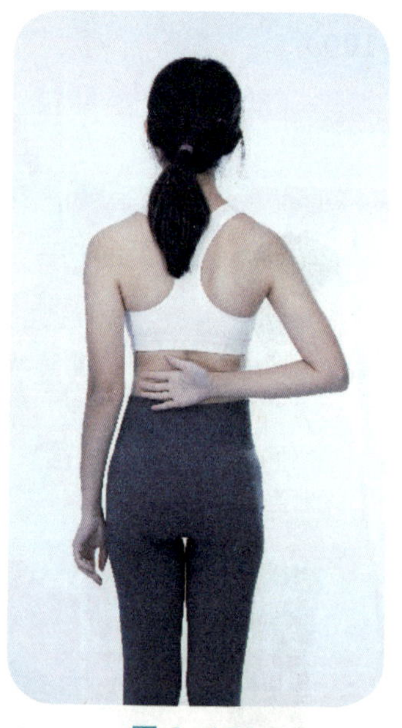

图 3-101

图 3-102

[作用功效]

拉伸手部的肌肉，缓解肌肉酸痛。

[注意事项]

向后拉伸角度适宜，不可用力过猛。

三、手部医疗保健操

（一）屈指运动

[练习方法]

（1）准备动作：双手伸直。

（2）用力伸展手指，使各指间距离尽量大（见图 3-103）。

（3）屈曲近端指关节，握紧手指（见图 3-104）。

（4）适当用力，保持姿势 20 秒。

（5）重复做 5 ～ 10 次。

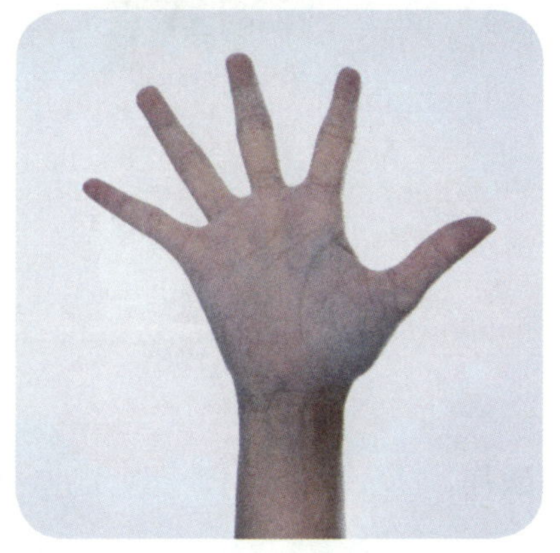

图 3-103

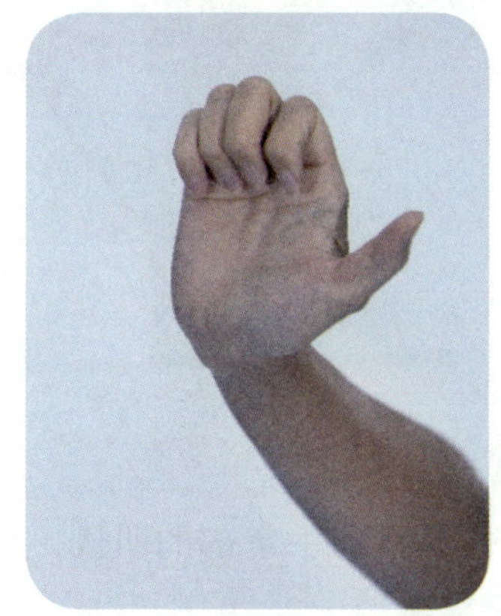

图 3-104

[作用功效]

拉伸手指的肌肉，缓解肌肉酸痛。

[注意事项]

近端指关节不可弯曲，握紧时适度用力，不可用力过猛。

（二）握拳运动

[练习方法]

（1）准备动作：双手伸直。

（2）用力伸展手指，使各指间距离尽量大（见图 3-105）。

（3）保持 10 ～ 15 秒。

（4）用力握拳，保持姿势 10 秒（见图 3-106）。

（5）重复做 5 ～ 10 次。

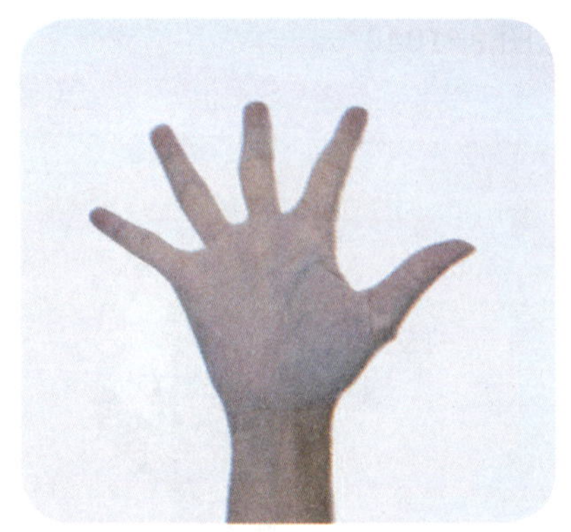
图 3-105

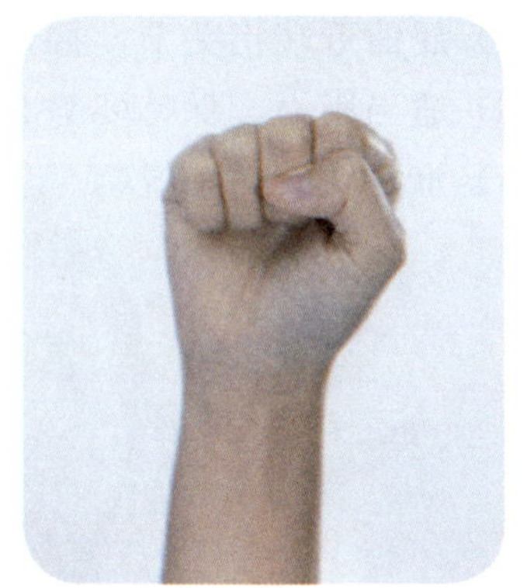
图 3-106

[作用功效]

拉伸手指和手掌部的肌肉，缓解肌肉酸痛。

[注意事项]

握紧时用力适度，不可用力过猛。

（三）对指运动

[练习方法]

（1）准备动作：一只手伸直（见图 3-107）。

（2）用力伸展手指，使各指间距离尽量大（见图 3-108）。

（3）保持 10 ～ 15 秒。

（4）各指依次与拇指指面相对（见图 3-109 和图 3-110）。

（5）重复做 5 ～ 10 次。

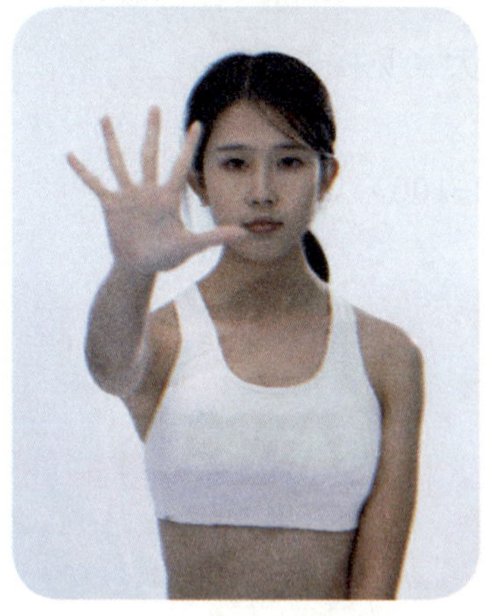
图 3-107

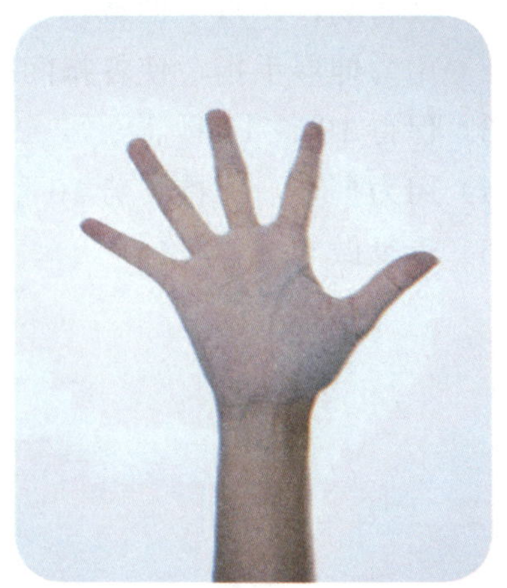
图 3-108

图 3-109

图 3-110

[作用功效]

锻炼手指运动能力，灵活神经控制功能。

[注意事项]

开始时速度可放缓，后酌情逐渐加速。

（四）击打运动

[练习方法]

（1）准备动作：双手伸直。

（2）用力伸展双手手指，使各指间距离尽量大（见图 3-111）。

（3）双手微微握拳，虎口平击 20 次（见图 3-112 和图 3-113）。

（4）双手稍微张开，小指侧平击 20 次（见图 3-114 和图 3-115）。

（5）重复做 5 ～ 10 次。

图 3-111

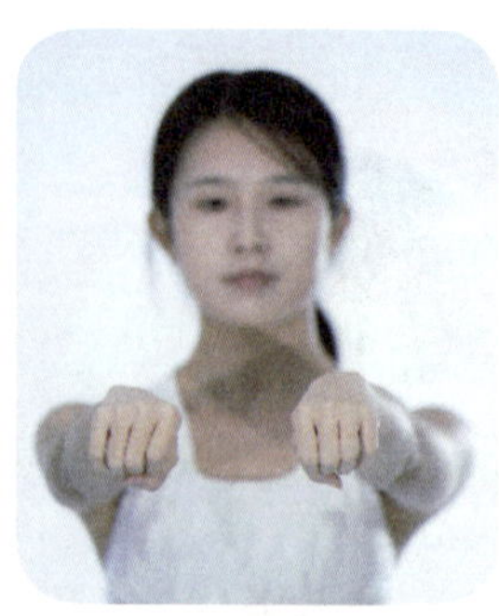
图 3-112

图 3-113

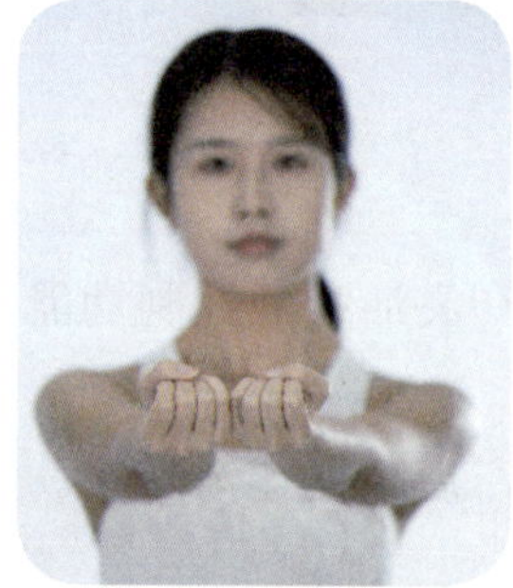
图 3-114

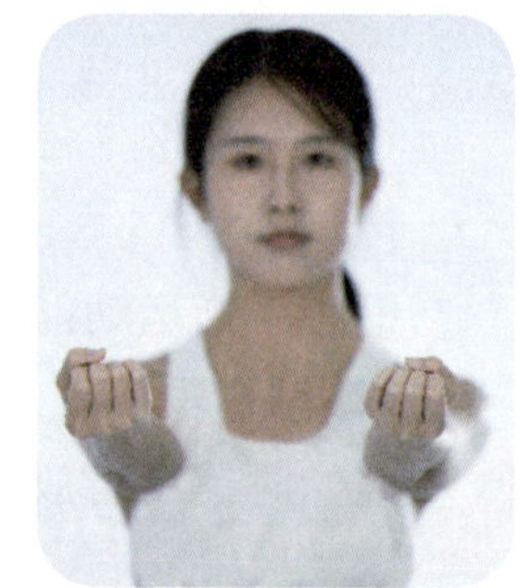
图 3-115

[作用功效]

放松手部肌肉和肌腱，缓解疲劳。

[注意事项]

注意击打力度，不可用力过度。

第四章 躯干保健操

第一节 运动前的准备

运动前首先准备好适合的服装：具有弹性、棉质、材质较软的健身服；鞋子要有弹性，可弯曲，不可着鞋底较硬的鞋子、高跟鞋进行运动。正式锻炼前需进行关节、肌肉、韧带的准备活动，避免活动时受伤。

一、热身运动

（一）肩部绕环运动

（1）双手贴左右肩膀，顺时针转 1 个八拍（见图 4-1 和图 4-2）。

（2）双手贴左右肩膀，逆时针转 1 个八拍（见图 4-3）。

图 4-1

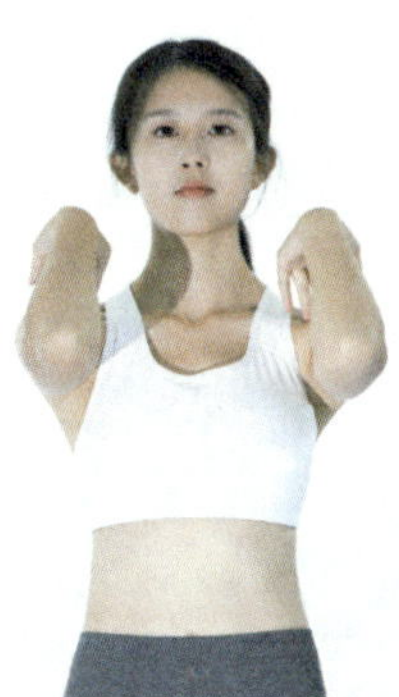

图 4-2

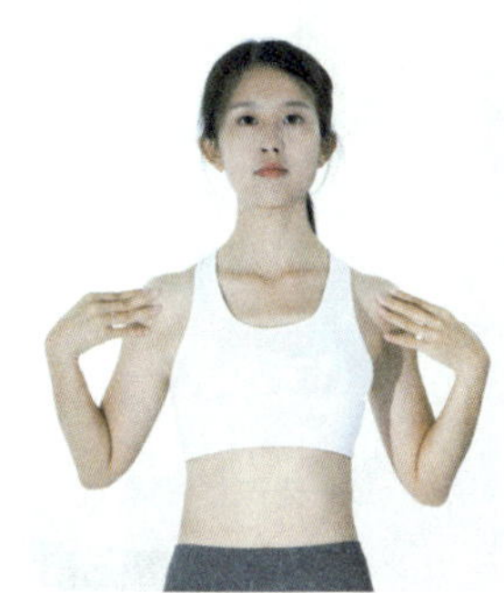

图 4-3

（二）扩胸运动

（1）双臂体前平曲，两臂用力向两侧摆动，持续 1/4 个八拍（见图 4-4）。

（2）双臂打开向两侧平举，向后用力，持续 1/4 个八拍（见图 4-5）。

（3）右臂在上，左臂在下，向后用力，持续 1/4 个八拍（见图 4-6）。

（4）左臂在上，右臂在下，向后用力，持续 1/4 个八拍（见图 4-7）。

（5）依次循环，直至完成 4 个八拍。

图 4-4

图 4-5

图 4-6

图 4-7

（三）腰部运动

（1）两腿分开至肩宽，双手叉腰，腰部和髋关节缓缓地向左、向后、向右、向前绕环，持续 2 个八拍（见图 4-8 ～图 4-10）。

（2）换方向再次进行绕环，持续 2 个八拍（见图 4-11 和图 4-12）。

图 4-8

图 4-9

图 4-10

图 4-11

图 4-12

二、肌肉拉伸运动

（一）胸大肌拉伸 1

建议在练习胸部养生保健操前完成。

[练习方法]

（1）站立姿势，右手和右前臂向上抬起，靠于门或墙处，右肘部高于肩，收腹挺腰，左脚向前迈步，左腿屈膝，身体自然向前下方倾斜，拉伸持续 5～10 秒，若感到胸肌有明显刺痛感应立即停止，然后放松肌肉 5～10 秒（见图 4-13）。

（2）接下来将右手肘部靠于门或墙面，稍用力产生一定阻力，持续 5～10 秒（见图 4-14）。

（3）上述动作重复做两次。

图 4-13

图 4-14

[作用功效]

可以改善呼吸，消除胸大肌的紧张，形成更好的体态。

[注意事项]

手肘位置不可过低，不可弓腰。若肩部活动量过大，建议将手臂抬高一些，保证拉伸效果。

（二）胸大肌拉伸 2

建议在练习胸部养生保健操前完成。

身体柔韧性较好的练习者可使用此方法进行拉伸，可达到较好的效果。

[练习方法]

（1）选择一个直角墙角，身体呈站立姿势。一脚踩于直角角尖位置，双上肢抬起，保证双臂和双手贴于直角两侧墙面。肘部略高于肩，双臂保持竖直，收腹挺腰。踩于直角位置的脚屈膝弯曲，身体略向前倾斜，拉伸 5 ～ 10 秒，然后放松身体（见图 4-15）。

（2）肘部用力，向前施压，产生一定阻力，之前弯曲的腿继续保持弯曲状态，身体无须再向前倾斜，拉伸 5 ～ 10 秒，然后放松身体（见图 4-16）。

（3）上述动作重复做两次。

图 4-15

图 4-16

[作用功效]

可以改善呼吸，消除胸大肌的紧张，形成更好的体态。

[注意事项]

手肘位置不可过低，前臂一定要保持竖直朝上，要注意收紧腹部，不可弓腰。

（三）胸小肌拉伸 1

建议在练习胸部养生保健操前完成。

[练习方法]

（1）身体呈站立姿态，用右上肢抵住门框或圆柱，右肘高于肩，右前臂尽量向上伸展，使上半身与右上肢成 130° 角，收腹挺腰。右脚向前迈出。

（2）左腿屈膝，身体向前下方倾斜，拉伸 5 ～ 10 秒，然后放松肌肉（见图 4-17）。右肘向门框或圆柱施加压力，产生一定阻力，之前弯曲的腿继续保持弯曲状态，拉伸 5 ～ 10 秒，然后放松身体（见图 4-18）。

（3）上述动作重复做两次。

图 4–17

图 4–18

[作用功效]

放松肌肉，减少上胸部紧张而导致的压力，避免呼吸急促。

[注意事项]

若拉伸时，肩颈部出现疼痛，则不能进行该运动。肌肉要收紧，避免弓背。活动胸小肌前，可先尝试活动胸大肌。

（四）胸小肌拉伸 2

建议在练习胸部养生保健操前完成。

[练习方法]

（1）身体坐立于椅子上，双手放于身体两侧的椅子上，指尖向前，双脚踩地站稳，接着臀部向前移动，需要借助双上肢的力量支撑身体，手臂伸直。上身不可歪斜，保持正直，收腹，身体努力保持平衡（见图 4-19）。

（2）双肩放松，身体慢慢下沉，带动肩部向上提起约 5 厘米，感受到一定阻力后保持拉伸 5 ～ 10 秒，然后放松身体（见图 4-20）。

（3）上述动作重复做 2 次。

图 4-19

图 4-20

[作用功效]

放松肌肉，减少上胸部紧张而导致的压力，避免呼吸急促。

[注意事项]

完成这一动作时，要完全放松肩部，手臂一定要伸直。

（五）腰部肌肉拉伸 1

建议在练习腰部养生保健操、医疗保健操前完成。

[练习方法]

（1）身体处于仰卧位，右腿屈膝弯曲，小腿与大腿成 90° 角交叉叠放于左腿上，左手按住左腿膝盖，头可以适当向右看，当腰部感到紧绷感时，保持拉伸 10 ～ 15 秒（见图 4-21）。

（2）左右腿交换完成，各完成 2 次拉伸。

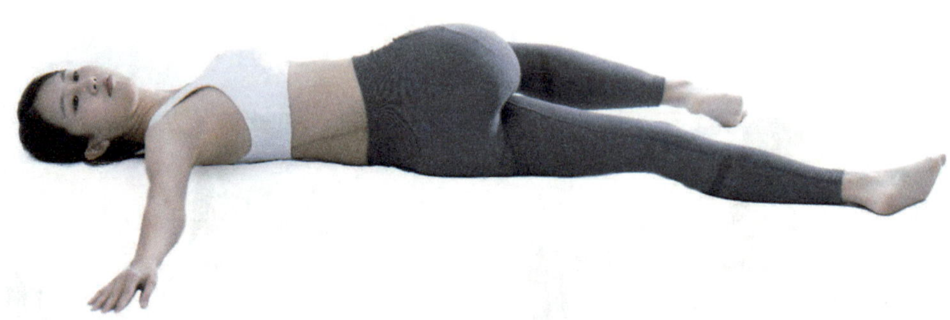

图 4-21

[作用功效]

消除疲劳，减轻身体酸痛，有助于良好的睡眠。

[注意事项]

保持深呼吸，节奏缓慢，如果认为强度较大，可以在头下垫枕头完成。

（六）腰部肌肉拉伸 2

[练习方法]

（1）身体呈站立位，两脚打开，与肩同宽，将右手伸直，位于头顶上方，身体向左侧弯曲，不可前倾，可感受到右侧腰部有牵拉感（见图 4-22）。

（2）右侧拉伸完成后，交换为向左侧弯曲，各完成两次（见图 4-23）。

图 4-22

图 4-23

[作用功效]

有助于改善下背部肌肉拉伤和韧带扭伤。使腰方肌、腹内斜肌、背阔肌、腹外斜肌得到拉伸。

[注意事项]

不可前俯后仰，上身要保持成一条直线。

(七) 腰部肌肉拉伸 3

[练习方法]

（1）身体坐在椅子上，腰挺直，两腿叠放，左腿在上，右腿在下，左手扶住椅子，右手放在左膝外侧（见图 4-24）。

（2）上半身和头向右转，保持拉伸状态 10 秒（见图 4-25）。

（3）上述动作练习 5 次后，朝相反方向再练习 5 次。

图 4-24

图 4-25

[作用功效]

拉伸侧腰，改善腰部活动范围，防治腰肌劳损、腰间盘突出。尤其适用于久坐、腰部酸痛、腹部肥胖、缺乏运动的人群。

[注意事项]

也可以将手臂抬至与地面平行，躯体保持不动，左右水平转动手臂。

（八）腹部肌肉拉伸

建议在练习腹部养生保健操前完成。

[练习方法]

（1）身体处于仰卧位，双手双脚伸直，尽力伸展（类似于伸懒腰），当腹部感受到紧绷感时，保持拉伸状态 10 ～ 15 秒，然后放松身体（见图 4-26）。

上述动作重复做两次。

（2）身体呈俯卧位，上半身起来，两肘撑住身体，两手平行向前，上臂与前臂角度接近 90°，下巴微收。当腹部感受到紧绷感时，保持拉伸状态 10 ～ 15 秒，然后放松身体（见图 4-27）。

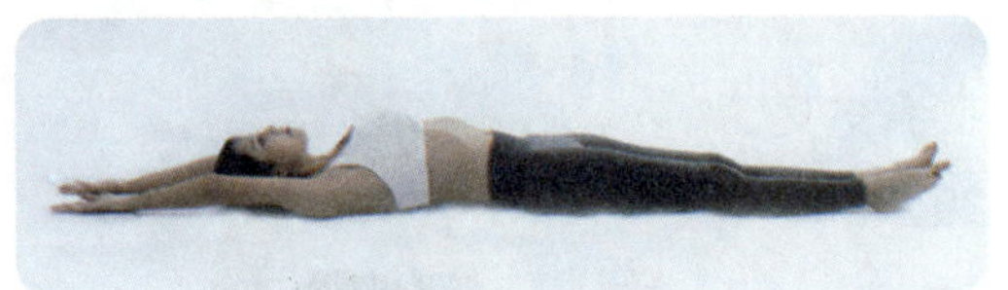

图 4-26

图 4-27

[作用功效]

增加骨骼密度，预防跌倒，使早上起身更轻松。

[注意事项]

运用肌肉前，先完成上述动作，有利于预防肌肉和关节的扭伤。

（九）背部肌肉拉伸 1

建议在练习背部养生保健操前完成。

[练习方法]

（1）身体呈站立位，双脚打开，与肩同宽，双膝微屈，两手在胸前合抱，手指交叉（见图 4-28）。

（2）脊背自然向后弓起，当背部感受到紧绷感时，保持拉伸 10 ～ 15 秒，然后放松身体。

（3）上述动作重复做两次。

图 4-28

[作用功效]

预防和治疗腰背痛。

[注意事项]

四肢肌肉支撑着脊椎骨，如果体力下降，肌肉就无法很好地支撑脊椎骨，因此背部肌肉拉伸锻炼不能忽视。

（十）背部肌肉拉伸 2

图 4-29

[练习方法]

身体呈站立位，两臂上举至头顶，双手交叉，尽量往上拉伸，头部稍往前倾（见图 4-29）。

[作用功效]

有助于改善颈部肌肉扭伤、上背部肌肉拉伤、上背部韧带拉伤。可以帮助拉伸背阔肌、大圆肌。

[注意事项]

头往前倾，手臂挺直往上延展时，才不会碰到头。

（十一）背部肌肉拉伸 3

[练习方法]

身体呈站立位，双上肢向前伸出，双手交叉叠放，左手在上，右手在下，将手尽力前伸，低头（见图 4-30）。

图 4-30

[作用功效]

有助于改善颈部肌肉扭伤、上背部肌肉拉伤、上背部韧带拉伤。可以帮助拉伸斜方肌、菱形肌。

[注意事项]

注意力集中在往前延伸的双手上，不可耸肩。

第二节　养生保健操

一、胸部养生保健操

（一）舒胸顺气

[练习方法]

两手自然垂于体侧，接着双手握拳，中空一指，两臂屈肘抬起，向后舒展胸部，向后时用力，然后放下，恢复放松状态。持续 4 个八拍（见图 4-31 ～图 4-33）。

图 4-31

图 4-32

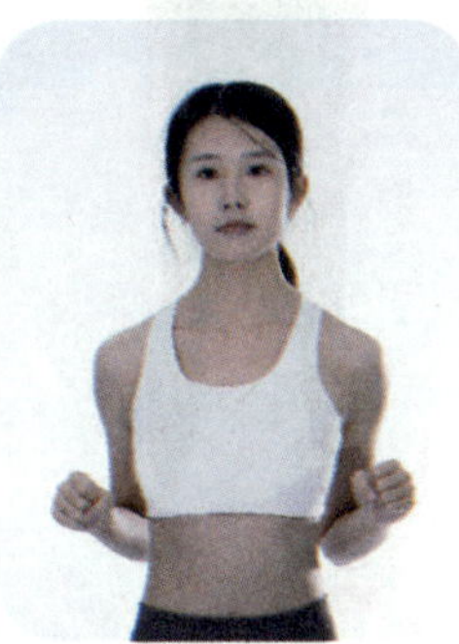
图 4-33

[作用功效]

有助于改善呼吸，加强胸部肌肉锻炼。

[注意事项]

可采取循序渐进的方式来增加运动量，且动作宜柔和，切忌用力过猛，以不引起不适为宜。做操过程中，如发现头痛、头胀，或心慌、胸闷等症状，应减少锻炼量或暂时中止锻炼。练习时，切勿空腹，以免发生低血糖，应在饭后 2 小时进行。

（二）抬臂畅胸

[练习方法]

（1）两腿开立，略宽于肩部（见图 4-34）。

（2）两臂抬起，左右交叉于胸前，左手在上，右手在下（见图 4-35）。

抬头向上看，双脚跟提起，吸气，同时双上肢向上打开，上举，左右臂与身体夹角不能超过 45° 角（见图 4-36）。

（3）双手下落再次在胸前交叉后，放于体侧，与预备姿势相同，同时脚跟落地，呼气（见图 4-37）。

（4）注意呼吸要与双臂的上举展开和内收保持一致，共完成 4 个八拍。

图 4-34

图 4-35

图 4-36

图 4-37

[作用功效]

通过抬臂畅胸提高心肺功能，消除疲劳。

[注意事项]

两臂交叉经体前上举时，两臂要伸直，呼吸缓慢，均匀自然。呼吸要与两臂的外展和内收相配合，上举双臂时，足跟不抬起。避免用力过度。

（三）包揽天地

[练习方法]

（1）两腿并拢，脚跟对齐，双手自然垂于体侧，收腹挺胸（见图 4-38）。

（2）双腿打开，与肩同宽，双脚平行向前，两臂抬起，向左右伸直，深吸气（见图 4-39）。

（3）两臂继续向上伸起（约 45° 角），两掌心相对，向上向内用力（见图 4-40）。

（4）两臂弯曲，在头顶正上方指尖相对（见图 4-41）。

（5）两臂从头顶下压至胸前，两手仍然指尖相对，虎口打开，掌心向下，气沉丹田（见图 4-42）。

（6）两臂从胸前继续下沉至腹前，呼气（见图 4-43）。

（7）两手置于体侧，恢复预备动作（见图 4-44）。

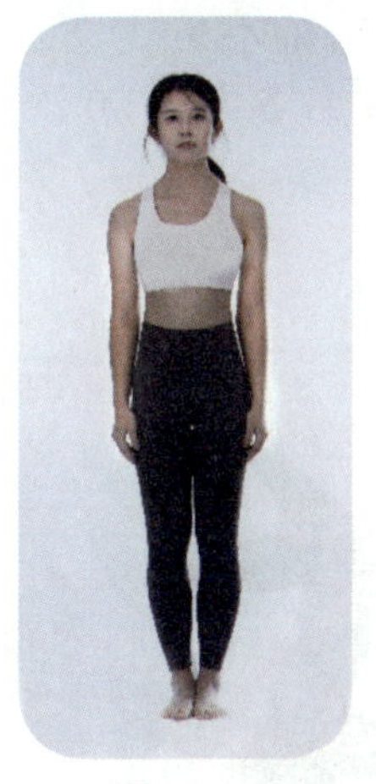

图 4-38

图 4-39

图 4-40

图 4-41

图 4-42

图 4-43

图 4-44

[作用功效]

调整心理平衡，增强体能。

[注意事项]

呼吸要平稳。

二、腰部养生保健操

（一）仰卧蹬车

[练习方法]

（1）身体处于仰卧位，两手放于体侧，两腿屈膝并拢（见图 4-45）。

（2）两腿抬起，收腹，两腿做蹬车动作（见图 4-46），左右各完成 50 次记为一组。

（3）据情况完成 1 ～ 2 组。

图 4-45

图 4-46

[作用功效]

经常进行腹部拉伸训练，适当参加户外运动，能消耗腹部脂肪。同时降低高血压、糖尿病的发病率。

[注意事项]

可以将手掌按在床面上，起到支撑作用。“蹬车时”腹部用力，重心在腹部，而不是臀部或髋部。

（二）坐立侧屈

[练习方法]

（1）身体呈坐立位，在椅子上挺直腰，两手自然垂于身体两侧，手指指向地面（见图 4-47）。

（2）身体轻轻向一侧弯曲，弯曲一侧的手指靠近地面（见图 4-48）。

（3）一侧完成后，再进行另一侧弯曲练习，幅度可根据练习情况逐渐增加（见图 4-49）。

图 4-47

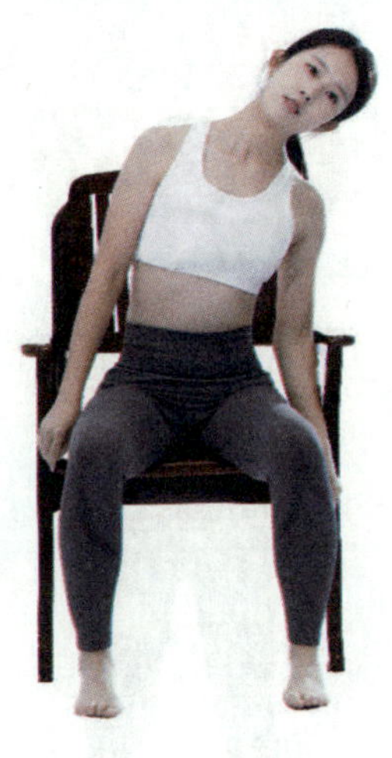
图 4-48

图 4-49

[作用功效]

增强核心稳定性和平衡性。在侧屈时激活腹外斜肌、腰方肌和竖脊肌，同时激活脊柱稳定肌肉。

[注意事项]

如果是在椅子上进行训练，这些训练可能被认为是部分支撑训练，因为椅子提供了一些支撑，尤其是在使用椅子靠背时。建议坐在椅子上训练时身体向前倾，尽可能不要靠在椅背上。当坐在椅子上时，椅子可以为骨盆以上的部位（腰部、胸部、头、脖子和上肢）提供支撑，并且练习者根本不需要稳定下半身。

（三）转腰俯抬

[练习方法]

（1）身体呈站立位，两腿伸直，两手在腰间握拳（见图 4-50）。

（2）两手举至头顶，翻掌打开，虎口相对，目视手背（见图 4-51）。

（3）两手下落，扶于腰间，大拇指在腰前，其余四指在腰后（见图 4-52）。

（4）上身向左后方转腰，身体不可歪斜（见图 4-53）。

（5）上身再向右后方转腰（见图 4-54）。

（6）回到正前方后向前俯身，上体与下身约呈 90°（见图 4-55）。

（7）然后再向后仰身（见图 4-56）。

图 4-50

图 4-51

图 4-52

图 4-53

图 4-54

图 4-55

图 4-56

［作用功效］

锻炼腹部及腰部肌肉，起到调理脾胃、固肾强腰的作用。适用于肾气虚弱、疲乏、头晕、眼花、耳鸣等症状。

［注意事项］

转体时要站稳，躯干不可歪斜。在转体俯仰时，呼吸要自然，均匀。

三、腹部养生保健操

（一）调理呼吸

[练习方法]

（1）身体处于仰卧位，双手放置在腹部，身体放松，缓慢深吸气，可感受到腹部有所隆起（见图 4-57）。

（2）比深吸气多用 2—3 倍时间缓慢吐气，腹部用力，双手可感受到腹部的收缩（见图 4-58）。

（3）反复完成上述动作，持续 5 分钟左右，可感受到腹部呼吸调理带来的放松。

图 4-57

图 4-58

[作用功效]

深呼吸具有凝神静气、身心愉悦的效果。

[注意事项]

可在头颈下方垫枕头。注意深呼吸，节奏缓慢，建议在睡前完成。

（二）屈腹抬身（无辅助器械）

[练习方法]

（1）身体处于仰卧位，双腿屈膝，双脚分开，与腰同宽，双手交叉置于胸前，腰部贴于地面或床面（见图 4-59）。

（2）吐气后间隔约 3 秒，将上身缓缓抬起，持续约 1 秒，然后吸气，间隔 3 秒后上身可缓慢躺下（见图 4-60）。

（3）休息 1 秒后，可继续完成上述动作，每 10 次 1 组，完成 2 组。

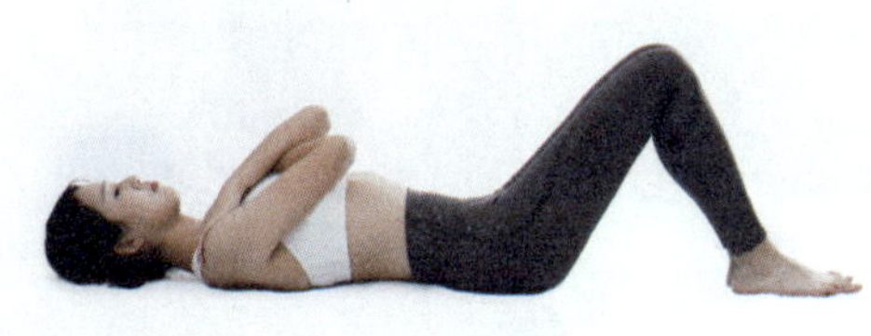

图 4-59

图 4-60

[作用功效]

预防和治疗腰痛。

[注意事项]

用错误的姿势锻炼腰部不仅起不到锻炼效果，还会给腰部带来损伤。平时练习时要用科学的方法进行训练。

（三）屈腹抬身（借助椅子）

[练习方法]

（1）身体处于仰卧位，双腿置于椅子上，屈膝，小腿与大腿成 90° 角，双手交叉置于胸前，腰部贴于地面。若肌力较强，可将双手置于枕骨后方，若肌力较差，可将上肢伸直（见图 4-61）。

（2）吐气后间隔约 3 秒，将上身缓缓抬起，持续约 1 秒，然后吸气，间隔 3 秒后上身可缓慢躺平（见图 4-62）。

（3）休息 1 秒后，可继续完成上述动作，每 10 次 1 组，完成 2 组。

图 4-61　　图 4-62

[作用功效]

预防和治疗腰痛。

[注意事项]

弯腰拿东西的姿势，特别是坐立时拿东西，腰部负担最大，应当注意避免上述危险动作。

（四）侧屈抬身

[练习方法]

（1）身体处于仰卧位，双腿屈膝，双脚分开，与腰同宽，双手交叉置于胸前，腰部贴于地面或床面（见图 4-63）。

（2）吐气后间隔约 3 秒，向一侧拧转上半身，将上身缓缓抬起，持续约 1 秒，然后吸气，间隔 3 秒后上身可缓慢放下（见图 4-64 和图 4-65）。

（3）吐气后间隔约 3 秒，向另一侧拧转上半身，将上身缓缓抬起，持续约 1 秒，然后吸气，间隔 3 秒后上身可缓慢放下（见图 4-66）。

（4）左右各起身 1 次算完成 1 次完整的动作，每 10 次 1 组，完成 2 组。

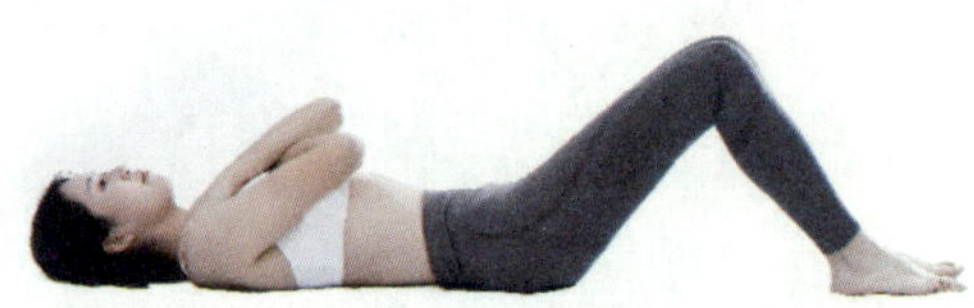

图 4-63

图 4-64

图 4-65

图 4-66

[作用功效]

预防和治疗腰痛。

[注意事项]

男性腰痛多是由于中老年骨质增生引起的，而女性则多为骨质疏松引起的。

四、背部养生保健操

（一）单腿后举

[练习方法]

（1）身体呈俯卧位。双手双腿伸直，手掌朝下（见图 4-67）。

（2）吐气后间隔 3 秒，膝盖伸直，一腿抬起，保持 1 秒，腿无须抬得过高，不可塌腰。

（3）吸气后间隔 3 秒，放下腿，休息 1 秒，然后换腿。左右腿各完成 10 次为 1 组，共完成 2 组（见图 4-68）。

图 4-67　　图 4-68

[作用功效]

预防和治疗背痛。

[注意事项]

背部肌肉常常被人们所忽视，且影响线条和体形，增加背部肌肉也有助于固定脊椎，避免侧弯。

（二）背部伸展

[练习方法]

（1）身体呈站立位，两手抬起在胸前十指交叉，手臂平行于地面，掌心向下（见图 4-69）。

（2）两手翻掌前推，手臂伸直，掌心朝外，维持约 10 秒（见图 4-70）。

（3）两手松开后，向两侧平展开，掌心仍然朝外。然后两臂尽量后伸，两掌心翻掌朝外（见图 4-71）。

（4）两手举至头顶，双手十指交叉，翻掌上推，掌心朝上，维持约 10 秒（见图 4-72）。

（5）两手放开，两臂由上方向身体后下方伸展，不可含胸挺腹，维持约 10 秒（见图 4-73）。

（6）两手在身体后下方相握，十指交叉，翻掌向外推，掌心朝身体后方，手臂保持伸直夹紧状态，维持约 10 秒后放松（见图 4-74）。

图 4-69　图 4-70　图 4-71

图 4-72　图 4-73　图 4-74

[作用功效]

缓解肌肉疲劳，预防腰椎疾病的发生，增强内脏器官的功能。

[注意事项]

背部主要是侧重于背部肌肉群，适合长期伏案工作者。步骤（1）～（2）是按照水平线进行的，步骤（3）～（5）相当于从上方至后下方画了一个弧线。

（三）拉肘伸背

[练习方法]

两腿打开半蹲，脚尖微朝外，俯身，两手叉腰，大拇指向后，两肘向前用力，维持约 5 秒（见图 4-75）。重复做上述动作 5 次。

[作用功效]

缓解肌肉疲劳，预防腰椎疾病的发生，增强内脏器官的功能。

[注意事项]

肘部用力时，还是要保持双手叉腰的姿势，一旦手离开腰部，背部肌肉的拉伸就不够到位。

图 4-75

第三节 医疗保健操

一、胸部医疗保健操

[练习方法]

（1）呼吸放松：调整好状态后，深吸一口气，然后再深呼一口气，使胸部肌肉得到放松。

（2）胸部扩张运动：深吸气后，在吸气将要结束时，屏住气 3 ～ 5 秒，唇部呈圆形，缓慢将气呼出，吸气与呼气所占的时间比为 1 ∶ 2（见图 4-76 ～图 4-78）。

（3）促痰排出运动：深吸气，双手握拳，1 ～ 2 秒后，用力哈气，持续 4 秒后，刺激气管，促进痰液排出（见图 4-79 和图 4-80）。

[作用功效]

呼吸操通过改善呼吸运动方式，增强膈肌、腹肌的活动，呼气时配合缩唇呼吸，使呼气延长，增加呼气量，促进肺部残气排出，改善通气功能，有效促进血液循环及组织换气，促进痰液排出，减轻呼吸困难，增强呼吸肌的肌力和耐力。

[注意事项]

每天练习 3～5 次，每次 10～15 分钟，以稍感疲劳为宜；练习过程中如有唾液溢出，可徐徐下咽。练习时如有胸闷、气促、心慌、虚汗、头晕等症状，应停止训练，稍作休息，待症状缓解。训练一般持续 4 周左右可以看到效果。

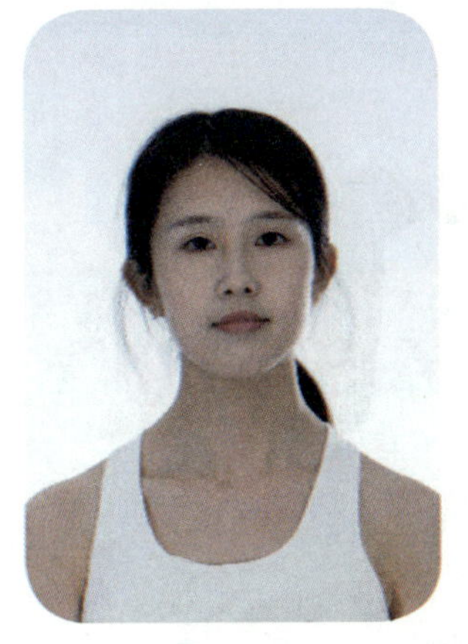
图 4-76

图 4-77

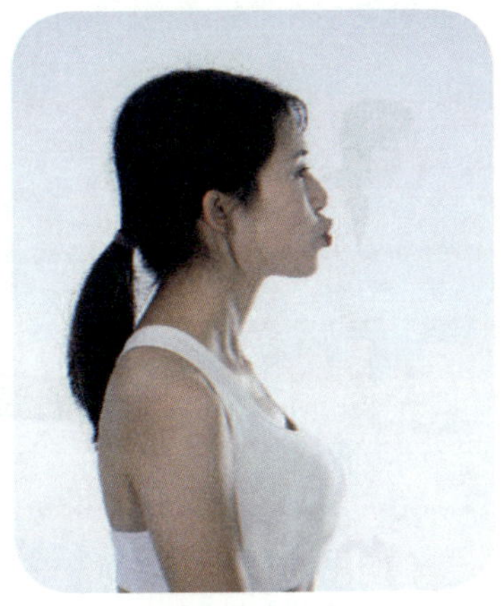
图 4-78

图 4-79

图 4-80

二、腰部医疗保健操

适用于腰肌劳损、腰痛、腰椎滑脱的人群。

（一）跪姿腰椎练习（腰肌劳损、腰痛人群）

[练习方法]

（1）身体呈跪姿。脊椎由头向下，一节节地下沉（见图 4-81）。

（2）然后低头，脊椎从骨盆向上，一节节拱起（见图 4-82）。

（3）10 次一组，完成 3 组。

图 4-81

图 4-82

[作用功效]

提高胸椎灵活性，增加腰椎稳定性，逐步提高身体功能。

[注意事项]

动作中支撑的腿和手都保持固定，只是躯干的运动，且完成动作的过程中遵循无痛原则。随着灵活性的增加，可逐渐增加脊柱下沉和拱起的幅度。

（二）跪姿牵拉练习（腰椎滑脱人群）

[练习方法]

（1）双腿折叠，臀部坐在脚踝上，呈趴跪式，双上肢尽力前伸，前臂贴于地面（见图 4-83）。

（2）感到腰部有紧绷感时保持约 30 秒，完成上述动作 3 次。

图 4-83

[作用功效]

改善姿态，加强腹肌和臀肌的力量，将紧张的髂腰肌和背肌放松，预防腰椎继续向前滑脱。

[注意事项]

动作中臀部尽量靠近脚踝。随着灵活性增加，患者可增加双手前伸的幅度，或者身体可向侧方弯曲，以增加牵拉感。

(三)转腰运动(慢性腰痛人群)

[练习方法]

(1)身体呈站立位，两脚分开，略宽于肩，两手反手扶住腰，大拇指在身体前方(见图 4-84)。

(2)沿顺时针方向，使腰部活动 1 圈，转动时头颈部和上半身不可扭动过大，主要是骨盆和腰椎活动，两腿伸直，不可屈膝，1 圈持续 1 个八拍(见图 4-85～图 4-88)。

(3)沿逆时针方向，再转腰 1 圈，持续 1 个八拍。共完成 4 个八拍。

图 4-84

图 4-85

图 4-86

图 4-87

图 4-88

[作用功效]

使腰椎过伸，增强骶棘肌肌力，有利于保持或矫正腰椎正常生理弯曲度。

[注意事项]

腰部转动的幅度要尽可能大，腰椎活动连贯协调，不能中断，两腿伸直，不能屈膝。张弛有度，松紧结合。

三、腹部医疗保健操

适用于慢性胃炎、食欲缺乏、便秘、腹泻的人群。

（一）揉按腹部

[练习方法]

（1）身体呈站立位，两脚分开，略宽于肩。两手在腹部相叠，右手在上，左手在下，右掌跟紧贴左手背（见图 4-89）。

（2）在上腹部，两手做顺时针小圈按摩约 8 圈，然后移至下腹部，经过剑突、季肋区做顺时针大圈按摩约 8 圈（见图 4-90）。

（3）按照逆时针方向再次完成大圈、小圈按摩，共完成 2 次。

图 4-89

图 4-90

[作用功效]

调理脾胃，疏肝益肾。

[注意事项]

按摩时，手掌要紧贴胸腹部，目视正前方，思想集中，肌肉放松，切忌用力过猛，呼吸不配合，身体摇摆。

（二）托手提腿

[练习方法]

（1）身体呈站立位，两手在腰间握拳（见图 4-91）。

（2）身体重心移至左脚，左臂抬起，伸直，左手呈推掌状，上托，大拇指朝内。虎口打开，目视手背（见图 4-92）。

（3）握拳的右手打开呈掌，下按，指尖朝前，右腿屈膝提起（见图 4-93）。

（4）持续 1 个八拍。接着按相反方向，右掌上托，提左膝再完成一次。共完成 4 个八拍（见图 4-94）。

图 4-91

图 4-92

图 4-93

图 4-94

[作用功效]

牵拉胸腹部肌肉，增加横膈活动幅度，提高心肺功能，改善心血运行。

[注意事项]

初学时不易站稳，通过勤加练习可以逐渐掌握要领。此外，上臂要直，呼吸要自然，与动作相配合，身体不可前倾或歪斜。

（三）弓步提臂

[练习方法]

（1）身体呈站立位，两脚分开，与肩同宽，脚尖朝前，两手自然垂于体侧（见图 4-95）。

（2）两臂伸直举起，在头顶处两手叠放在一起，左手在外，右手在内（见图 4-96）。

（3）两膝微曲，重心转移至左腿，支撑身体。右腿向后打开，脚尖轻着地（见图 4-97）。

图 4-95

图 4-96

图 4-97

[作用功效]

锻炼一块或多块腹肌，强化腹直肌。

[注意事项]

右侧骨盆会被牵拉至前倾位，腰椎前凸。任由腰椎前凸，努力让胸廓远离骨盆。

四、背部医疗保健操

（一）开臂弓腰

[练习方法]

（1）身体呈站立位，略宽于肩，两手在腹部交叉相叠，左手在外，右手在里（见图 4-98）。

（2）两手向上举至头顶，抬头挺胸收腹，目视手背侧（见图 4-99）。

（3）两臂向下摆举至与肩平，掌心向上（见图 4-100）。

（4）两手翻掌，上身挺腰前俯（见图 4-101）。

（5）两臂在体前向下伸展（见图 4-102）。

图 4–98　图 4–99　图 4–100

图 4–101　图 4–102

[作用功效]

加强锻炼腰背部棘上、棘间韧带、后纵韧带、骶棘肌。提高背阔肌以及腰椎关节活动功能。

[注意事项]

弯腰时要保持两侧上臂及肩部平行和放松，与上身同时前弯并注意抬头，手臂缓慢放下、交叉，再由两臂上提至耳侧，然后与上身同时向上挺直，还需注意两腿伸直，上身前屈，两臂体前交叉时，两侧手指尽量触及地面。

（二）背部拔伸

[练习方法]

（1）身体呈站立位，略宽于肩，双手握拳，在体侧屈肘，拳心向前（见图 4-103）。

（2）两拳松开后，目视左侧，两臂上举至头顶，臂伸直，手心朝前，目视左侧手指（见图 4-104 和图 4-105）。

（3）两臂放下，恢复图 4-103 姿势。两拳松开后，目视右侧（见图 4-106），继续上举至头顶，臂伸直，手心朝前，目视右侧手指（见图 4-107）。

图 4-103

图 4-104

图 4-105

图 4-106

图 4-107

[作用功效]

锻炼肩背部的肌肉，如冈上肌等。

[注意事项]

两臂垂直向上，伸展到最高点。同时挺胸收腹，脚跟不能提起。两臂上举时，眼睛轮换看向左右手，放下时，身体要随之放松。

（三）肩胛收缩

[练习方法]

身体呈坐位或站立位，肩胛向后用力，向中间夹，可以感受到背部的肩胛肌收缩，维持约 5 秒，然后放松。15 次 1 组，每日可完成 1 ～ 2 组（见图 4-108 和图 4-109）。

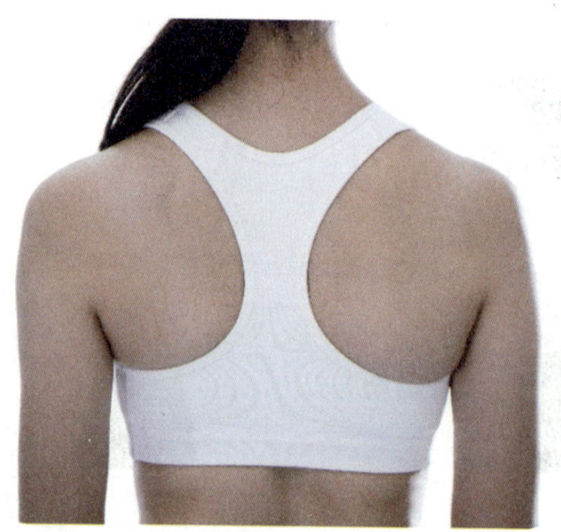

图 4-108

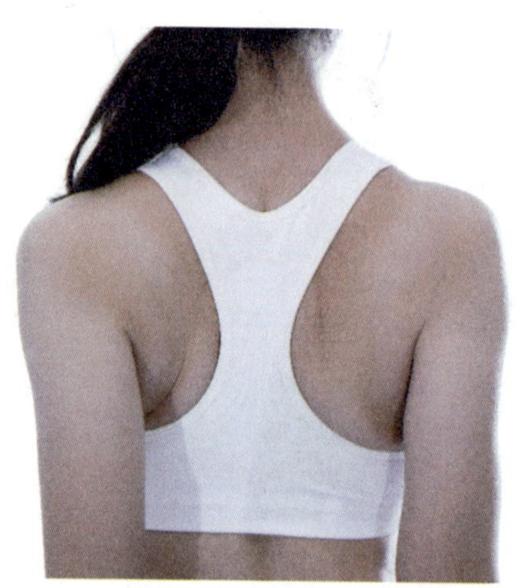

图 4-109

[作用功效]

放松僵硬的肌肉。

[注意事项]

练习时仅控制肩胛骨往后即可，手臂放松不使劲，不要耸肩。随着力量增强，可保持肩胛骨在该位置下，进行手臂的活动。

第五章
下肢保健操

第一节　运动前的准备

运动前首先准备好运动所需的服装：具有弹性、棉质、材质较软的健身服。鞋子要有弹性，可弯曲，不可穿着鞋底较硬的鞋子、高跟鞋进行运动。正式锻炼前需进行关节、肌肉、韧带的准备活动，避免活动时受伤。

一、热身运动

两只手高高举起，拇指向内，手掌向前，两腿合十；身体向下，脚趾微微外八，手掌侧平举，手掌向前；两条胳膊保持水平。这两个姿势是连续的，下蹲的时候要看自己的身体状况，尽量让大腿和小腿的角度成 90°，同时手掌要往前伸。下蹲时吸气，跳起时吐气（见图 5-1 和图 5-2）。

图 5-1

图 5-2

二、伸展练习

（一）头部和颈部

把右臂高高举起，把头部往右牵拉，再把头部放回原处（见图 5-3）。

（二）肩关节

将伸直的右臂抬到左边，再往左边伸展，再用另一只手反复练习（见图 5-4）。

图 5-3

图 5-4

（三）胸部

抬起双臂，做一个伸展胸部的动作（见图 5-5）。

图 5-5

（四）二头肌

双臂向前举起，双手扶着墙壁，或是其他足够高的支撑面，身体旋转 10 ～ 15 秒（见图 5-6）。

（五）三头肌

用一只手握住另一个肘部，从上往下轻轻推动，直至触及背部（见图 5-7）。

图 5-6

图 5-7

（六）臀部

左脚搭在右脚上，身体保持弓起。让左脚接触胸部，然后把身体转向左边（见图 5-8）。

（七）小腿

一只脚向前迈出一大段距离，另外一只脚保持静止，同时将身体向前推进（见图 5-9）。

图 5-8

图 5-9

（八）背部

站立时，双手握紧与腹部同高的栏杆，背部反复弓起、下压（见图 5-10 和图 5-11）。

图 5-10

图 5-11

（九）脚踝

直立，一只脚尖点地，做顺时针和逆时针旋转，换脚重复做（见图 5-12 ～图 5-14）。

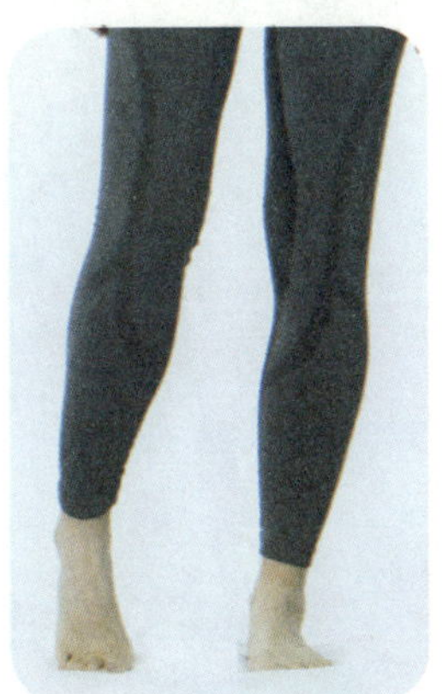

图 5-12

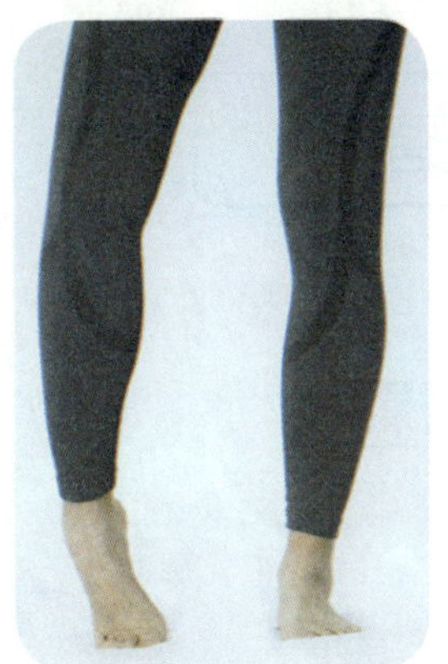
图 5-13

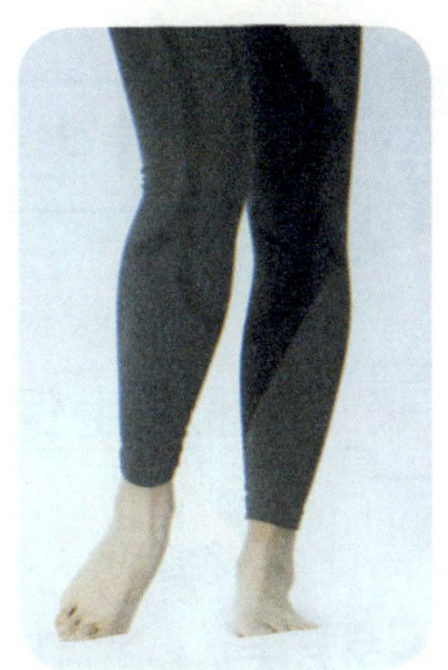
图 5-14

（十）拉伸动作

选择自己所需要的拉伸练习，量力而行。

三、动态热身

十指交叉护在左腿膝盖前方，右脚后跟提起。当提起脚跟时，两手会发力，左膝会随之上升。当左腿落地时，身体随之自然向前走一段距离。然后十指交叉抱住右腿膝关节前侧，左脚后跟提起，右腿膝关节顺势向上，在右脚下落时自然向前迈步。向上提脚后跟时吐气，落脚时吸气（见图 5-15 和图 5-16）。

图 5-15

图 5-16

第二节 养生保健操

一、臀部养生保健操

（一）提臀挺腹

[练习方法]

（1）准备动作：平躺在一平面，双腿伸直，双臂紧贴双腿，屈膝，上肢保持平直（见图 5-17 和图 5-18）。

（2）两脚支撑下肢，将身体抬起。

（3）腰腹发力，将臀部抬起至上身平直（见图 5-19）。

（4）复原，重复做 30 次。

图 5-17

图 5-18

图 5-19

[作用功效]

训练臀部和腰腹力量，锻炼协调能力，促进消化，局部减肥。

[注意事项]

屈膝的角度为 45°，臀部均匀发力，动作应缓慢柔和。

（二）平躺压腿

[练习方法]

（1）准备动作：平躺在一个平面，双腿伸直（见图 5-20）。

（2）右腿提膝压向左腿，右脚跟抵住左膝盖（见图 5-21）。

（3）右腿归位，双腿伸直放松。

（4）左腿屈膝压向右腿，左脚跟抵住右膝盖（见图 5-22）。

（5）右腿归位，双腿伸直放松。

（6）重复做 3 ～ 5 次。

图 5-20

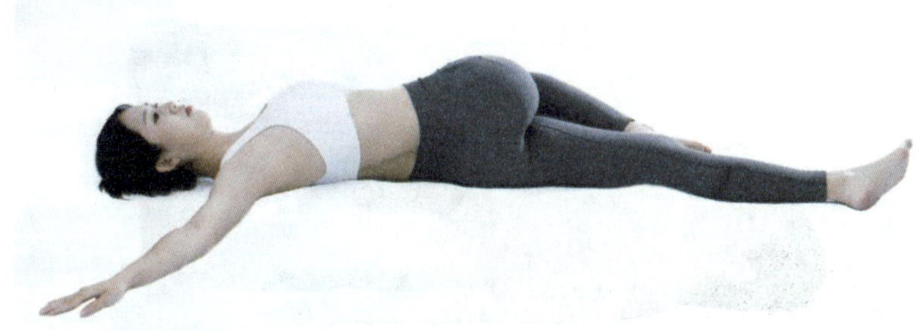

图 5-21

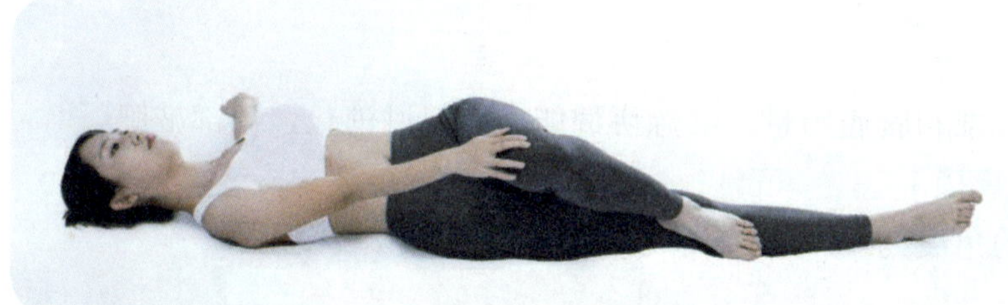

图 5-22

[作用功效]

拉伸臀中肌、臀小肌，缓解走路产生的疲劳。

[注意事项]

肩膀要尽量贴着地面，膝盖往下压，而非往胸部方向运动。

（三）捶臀

[练习方法]

（1）准备动作：站立，两脚与肩同宽（见图 5-23）。

（2）双手握拳。

（3）用拳背一起捶打左、右臀部各 30 次（见图 5-24）。

（4）捶打位置不断变化，先从外到内转圈捶打，再从里到外转圈捶打。

（5）整个臀部确保捶遍。

（6）力度适中，重复做 2 ～ 3 遍。

图 5-23

图 5-24

[作用功效]

促进臀部血液循环，有助于新陈代谢，缓解腰肌劳损、腰椎退变等。

[注意事项]

双拳握实、按一定方向前进，适当力度。

二、大腿养生保健操

（一）平躺交替抬腿

[练习方法]

（1）准备动作：平躺在一平面，双腿伸直，上肢保持平直（见图 5-25）。

（2）交替抬腿（见图 5-26）。

（3）抬腿至 60° ～ 90° （见图 5-27）。

（4）每条腿重复做 60 次。

图 5-25

图 5-26

图 5-27

[作用功效]

稳定骨盆，提高体力和耐力，提升大腿力量。延缓衰老，促进新陈代谢，提高身体灵活性和协调性。

[注意事项]

上身和腿部保持平直，抬腿速度不必过快。

（二）深蹲

[练习方法]

（1）准备动作：站立于一个平面，两腿分开，两脚与肩同宽（见图 5-28）。

（2）保持上身直立。

（3）屈膝下蹲，大腿和臀部用力使两脚蹬地，然后身体恢复直立（见图 5-29）。

（4）重复做 40 次。

图 5-28

图 5-29

[作用功效]

强健心肺功能，提高性功能，加强全身力量，延缓衰老。

[注意事项]

屈膝下蹲时注意大腿与地面平行或稍低，下蹲时吸气，直立时呼气，背部平直，上身不要前倾，动作稳定，每次下蹲静止 1 秒钟。

三、小腿养生保健操

（一）站立压脚尖

[练习方法]

（1）准备动作：身体直立，站立于一个平面，脚尖踩在垫高的平面上（见图 5-30）。

（2）膝盖弯曲（约成 90° 角）。

（3）站于地面的脚保持蹬直。

（4）上身直立，微向前倾斜（见图 5-31 和图 5-32）。

图 5-30

图 5-31

图 5-32

[作用功效]

具有稳定脚踝、缓解腰腿不适、促进身体血液循环等好处，防止抽筋，提高运动能力。

[注意事项]

小腿放松，脚跟向后踩，后腿一定要伸直。

（二）抬腿拉伸

[练习方法]

（1）准备动作：站立于一个平面（见图 5-33）。

（2）一只脚踩在一个扶手上，腿部弯曲，身体前倾。

（3）弯腰，将胸口贴向弯曲的膝盖（见图 5-34）。

（4）换腿，一条腿重复做 5 次（见图 5-35）。

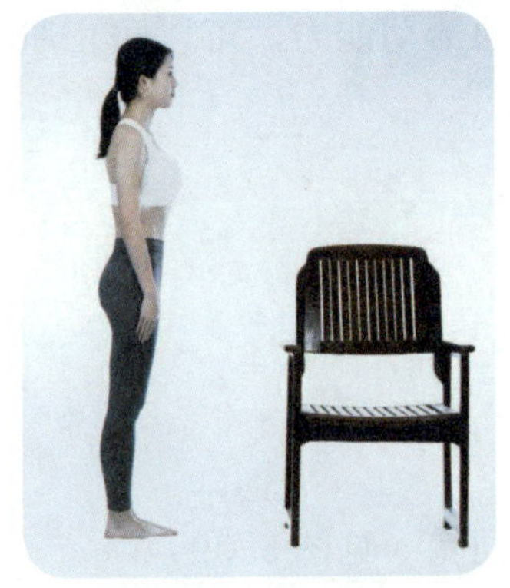
图 5-33

图 5-34

图 5-35

[作用功效]

拉伸半膜肌和股二头肌，增强韧带强度与柔韧性，可以缓解肌肉拉伤以及韧带拉伤。

[注意事项]

背部保持笔直，身体前倾，桌面高度不宜太高或过低，可根据个人身高来调整。

（三）坐姿扳脚趾

[练习方法]

（1）准备动作：坐姿，双腿伸直（见图 5-36）。

（2）膝盖弯曲向上抬（约成 120° 角，见图 5-37）。

（3）双手抓住脚趾向身体方向拉（见图 5-38）。

（4）感到微疼痛后静止 5 秒。

图 5-36

图 5-37

图 5-38

[作用功效]

具有锻炼韧带、拉伸跟腱的好处，提高小腿部位的活动能力，可以防止肌无力，防止滑倒。

[注意事项]

小腿放松，脚跟后推，脚尖向身体一侧。

（四）立蹲拉跟腱

[练习方法]

（1）准备动作：站立于一平面，双脚打开，与肩同宽（见图 5-39）。

（2）屈膝下蹲，直至完全蹲下（见图 5-40）。

（3）缓慢直立，静待 2 ～ 3 秒再次下蹲。

（4）重复做 20 次。

图 5-39

图 5-40

[作用功效]

可以缓解小腿疼痛、修复肌腱炎等，增强下肢灵活性。

[注意事项]

注意平衡，避免摔倒，可以将双手放于身前来保持平衡。

四、足部养生保健操

（一）绷脚

[练习方法]

（1）准备动作：站立于一平面，双脚打开，与肩同宽（见图 5-41）。

（2）右手扶椅，右腿站直（见图 5-42）。

（3）左腿向外前方迈出一步距离，脚跟着地（见图 5-42）。

（4）抬脚，绷直脚尖 15 次（见图 5-43）。

（5）左右换位，重复做以上全套动作 2 ～ 3 遍（见图 5-44 和图 5-45）。

图 5-41

图 5-42

图 5-43

图 5-44

图 5-45

[作用功效]

训练脚踝力量，防止踝关节粘连，增强灵活性，增强运动能力。

[注意事项]

不宜过度用力，以免造成韧带拉伤，注意平衡，双手扶椅。

（二）脚踝内外旋

[练习方法]

（1）准备动作：站立于一平面，双脚打开，与肩同宽（见图 5-46）。

（2）右手扶椅，右腿站直。

（3）左腿向外前方迈出一步距离，脚拇指贴地（见图 5-47）。

（4）顺时针旋转踝关节 15 次。

（5）左右换位，重复做以上动作。

（6）左腿向外前方迈出一步距离，脚拇指贴地（见图 5-47）。

（7）逆时针旋转踝关节 15 次。

（8）左右换位，重复做以上全套动作 2 ～ 3 遍。

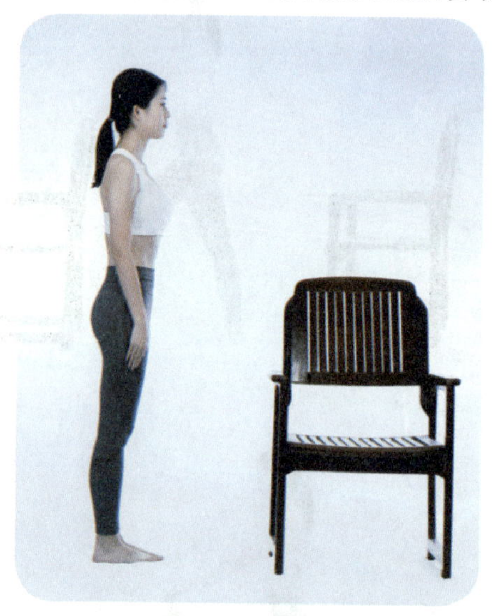

图 5-46

图 5-47

[作用功效]

训练脚踝力量，防止踝关节粘连，增强灵活性，增强运动能力，锻炼脚踝内外旋能力，可做运动前的热身运动。

[注意事项]

不宜过度用力，以免造成崴脚。

（三）脚踝内外翻

[练习方法]

（1）准备动作：取坐位，膝盖弯曲，双脚着地（见图 5-48）。

（2）左脚外侧贴地（见图 5-49）。

（3）左小腿发力，使脚踝内翻，重复做 15 次（见图 5-50）。

（4）左右换位，重复做以上动作（见图 5-51、图 5-52）。

（5）取坐位，右脚内侧贴地（见图 5-53）。

（6）右小腿发力，使脚踝外翻重复做 15 次（见图 5-54）。

（7）左右换位，重复做全套动作 2 ～ 3 遍。

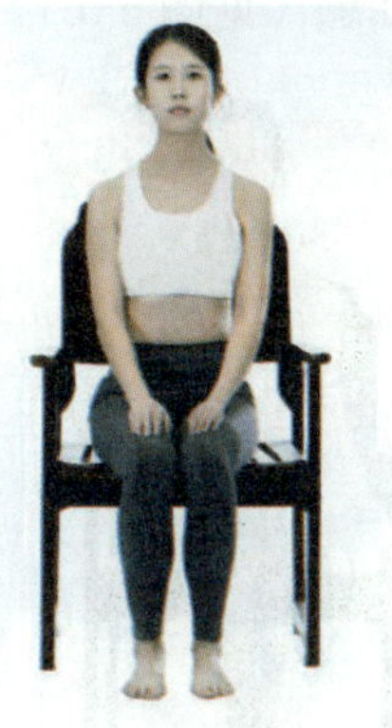

图 5-48

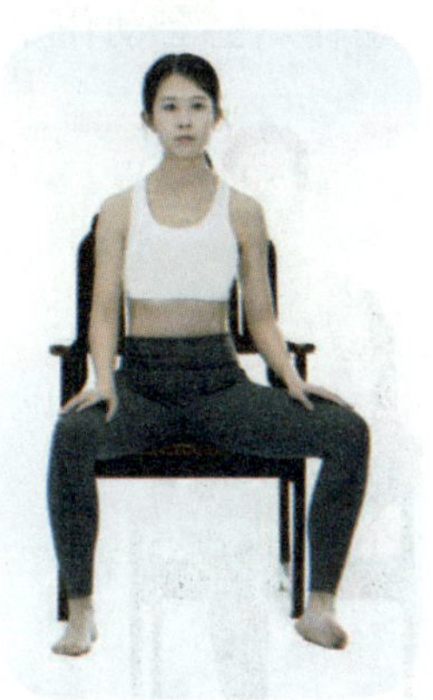

图 5-49

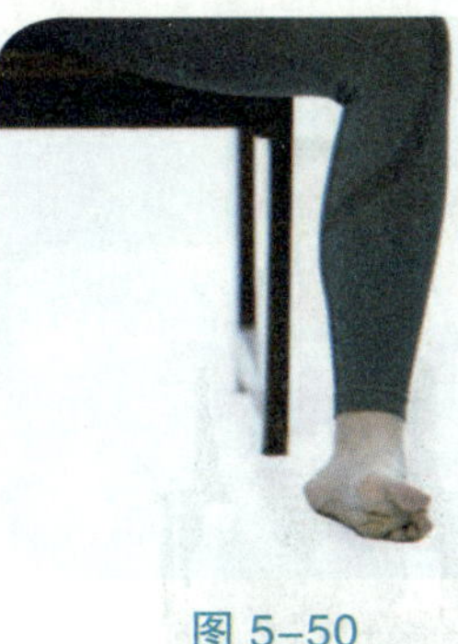

图 5-50

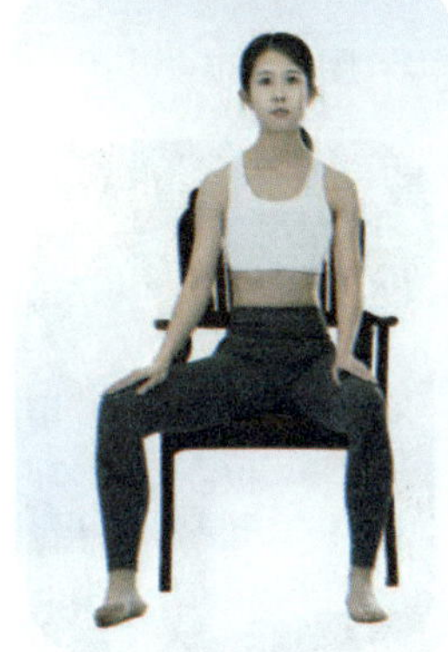

图 5-51

图 5-52

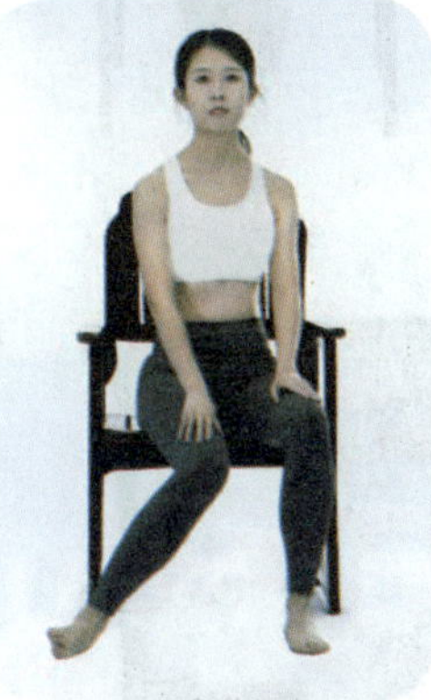

图 5-53

图 5-54

[作用功效]

训练脚踝力量、脚踝内外翻功能，锻炼腓侧副韧带，防止肌肉萎缩。

[注意事项]

不宜过度用力，以免造成崴脚。

（四）脚底按摩

[练习方法]

（1）准备动作：取坐位，右腿放在左腿上，呈“二郎腿”状（见图 5-55 和图 5-56）。

（2）左拳实握，捶击右脚脚底，从足前到足心再到足跟 10 次至 15 次（见图 5-56 和图 5-58）。

（3）左右换位，重复做以上动作（见图 5-57 和图 5-59）。

（4）捶完之后用左手按压右足跟内、后、外侧与足跟底（见图 5-60）。

（5）左右换位，重复做以上动作。整套动作重复做 2 ～ 3 遍（见图 5-61）。

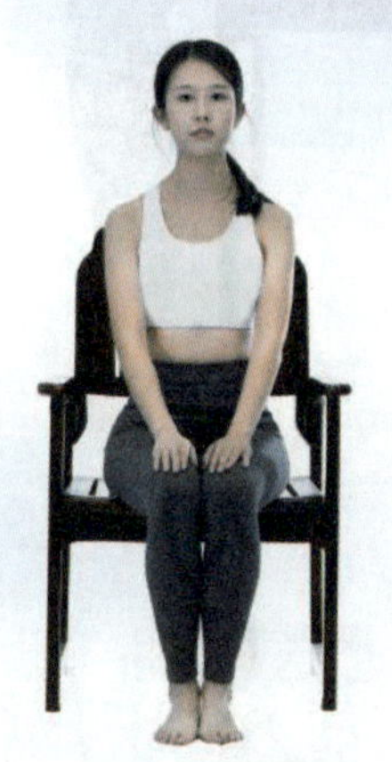

图 5-55

图 5-56

图 5-57

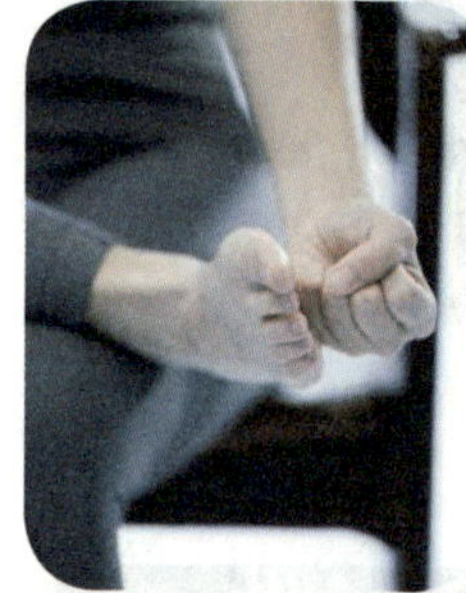

图 5-58

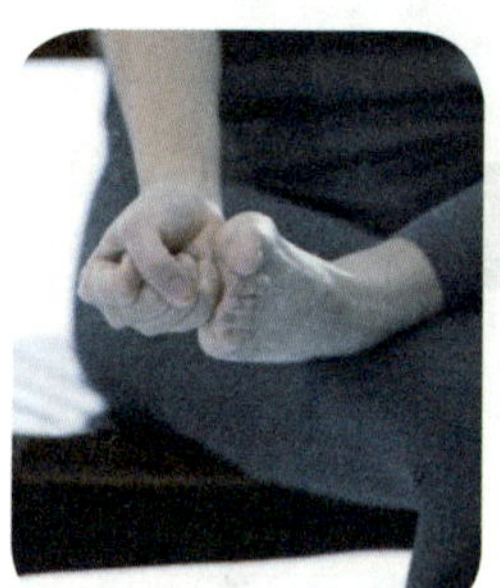

图 5-59

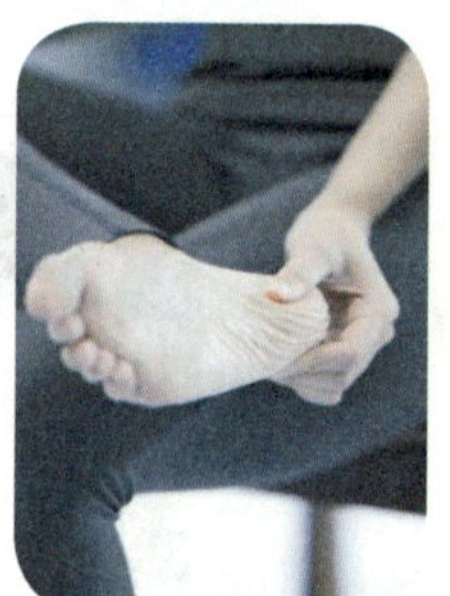

图 5-60

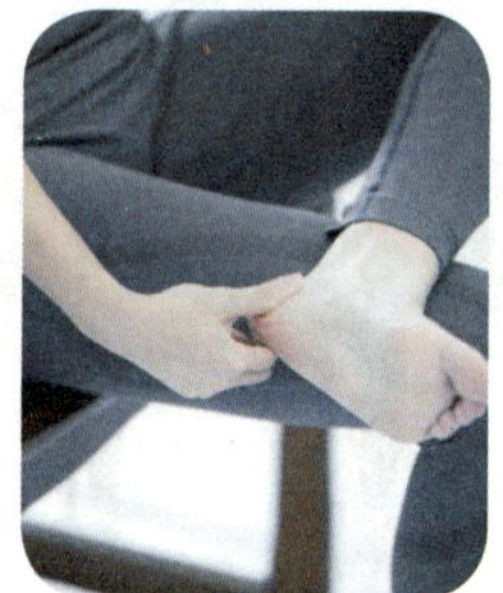

图 5-61

[作用功效]

刺激脚底，促进全身血液循环与新陈代谢，激活内脏，减轻脚跟疼痛。

[注意事项]

稍用力，注意节奏，可以先泡脚。

（五）脚趾按摩

[练习方法]

（1）准备动作：取坐位，右腿放在左腿上，呈“二郎腿”状（见图 5-62 和图 5-63）。

（2）用右手揉搓左脚全部脚趾 15 次（见图 5-64 和图 5-65）。

（3）左右换位，重复做以上动作（见图 5-66 和图 5-67）。

（4）整套动作重复做 2 ～ 3 遍。

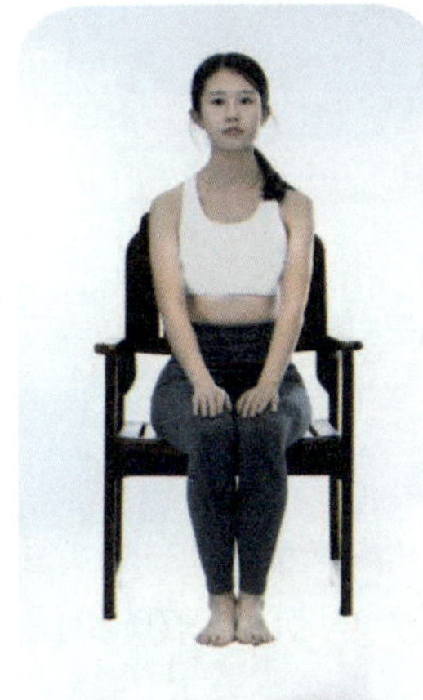
图 5-62

图 5-63

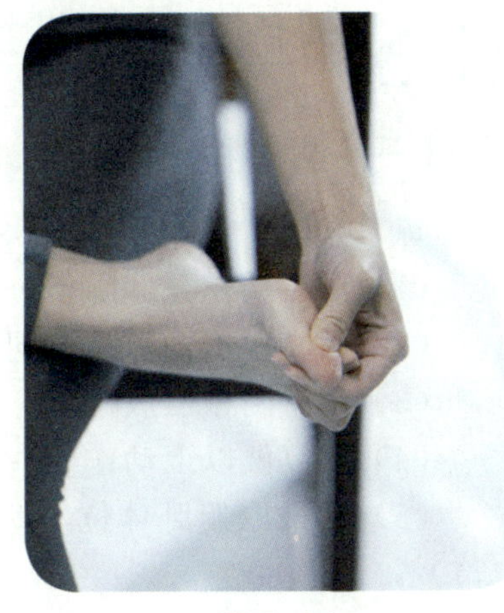
图 5-64

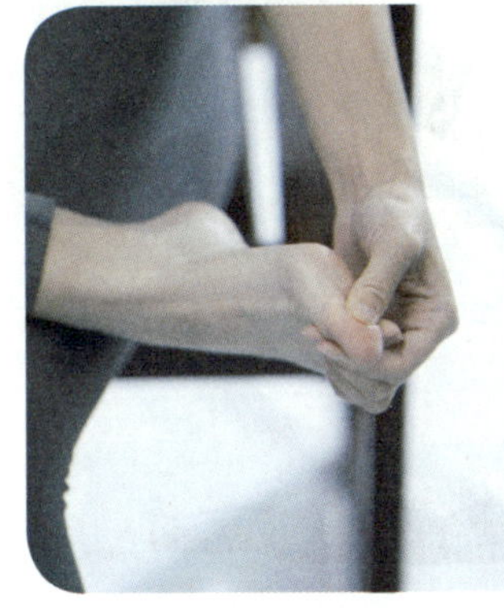
图 5-65

图 5-66

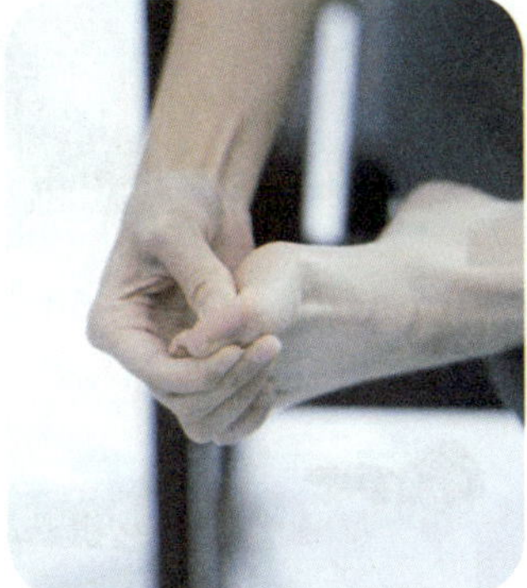
图 5-67

[作用功效]

可以促进血液循环，能够提高身体的免疫功能，可以预防疾病和强身健体，还可以舒缓疲劳，还具有疏肝理气的作用。

[注意事项]

采取绕圈式的揉搓或上下式的挤压方式进行按摩，避免压迫骨骼部位，防止骨膜发炎或溢血肿胀。

第三节 医疗保健操

一、臀部医疗保健操

（一）臀部按摩

[练习方法]

（1）准备动作：仰卧于一平面，全身放松（见图 5-68）。

（2）两脚跟用力下蹬，同时提气收臀（见图 5-69）。

（3）坚持两秒后放松。

（4）重复做以上动作 5 ～ 10 遍。

（5）后采取俯卧体位，两掌面用力搓摩两侧臀部 2 分钟（见图 5-70 和图 5-71）。

图 5-68

图 5-69

图 5-70

图 5-71

[作用功效]

可以促进血液循环，改善脏腑功能，起到消除黄褐斑的作用，防止出现便秘的症状，可以缓解痛经。

[注意事项]

采取绕圈式的揉搓，按照由内到外、由软到硬的力道按摩。

（二）仰躺屈膝拉臂

[练习方法]

（1）准备动作：仰卧于一平面，全身放松（见图 5-72）。

（2）弯曲右膝，将左腿放在右腿上。

（3）抬起上肢。

（4）双手向身体一侧拉膝盖（见图 5-73）。

（5）静止 5 ～ 10 秒。

（6）左右换位，重复做以上动作，全套动作重复做 5 遍（见图 5-74）。

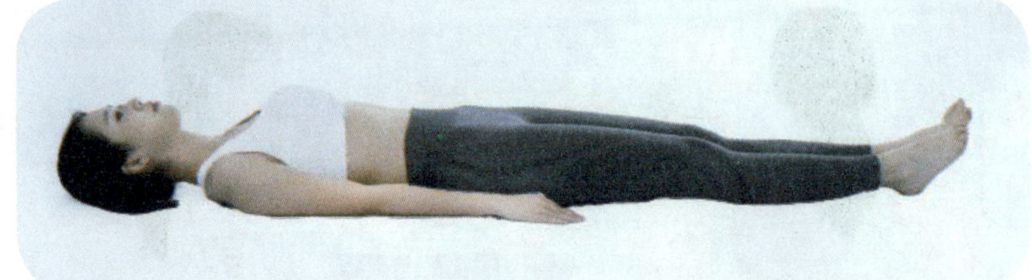

图 5-72

图 5-73

图 5-74

[作用功效]

有助于修复大转子滑囊炎，有助于修复臀大肌拉伤。

[注意事项]

屈膝 30° ～ 60° ，注意拉伸的力度。

（三）提肛运动

[练习方法]

（1）准备动作：直立，站于一平面，两脚分开同肩宽，全身放松（见图 5-75）。

（2）注意呼吸规律。

（3）吸气时提肛，呼气时放松（见图 5-76）。

（4）一呼一吸算一次，重复做 30 次。

图 5-75

图 5-76

[作用功效]

治疗尿失禁，训练肛肌能力，改善前列腺炎症，增强性功能，锻炼肛门周围的括约肌功能，缓解肛门松弛、憋便功能差、排便障碍的症状。

[注意事项]

做提肛运动的最佳时间是每天清晨以及晚上，一吸一呼注意规律。

（四）背臀撞击

[练习方法]

（1）准备动作：直立，站于一平面，两脚分开同肩宽，全身放松。

（2）背对一墙面或一棵粗细适中的树。

（3）双臂自然下垂在身体两侧。

（4）发力，用背部撞击 15 次（见图 5-77）。

（5）用臀部撞击 15 次，两个动作重复做 2 ～ 3 遍（见图 5-78）。

图 5-77

图 5-78

[作用功效]

激发组织活力，促进血液循环与代谢功能，缓解关节粘连，加强背部与臀部强度。

[注意事项]

向后发力，用惯力回到原位，力度逐渐加大。

二、大腿医疗保健操

（一）扳腿上拉

[练习方法]

（1）准备动作：直立，站于一平面，全身放松（见图 5-79）。

（2）一侧下肢弯曲，大腿不动，屈膝，小腿向上方抬。

（3）同侧手抓住脚踝向臀部贴去（见图 5-80）。

（4）感受到大腿前侧股四头肌有明显牵拉感。

（5）保持 30 秒。

（6）换另一条腿，动作同上，整套动作重复做 3 次（见图 5-81）。

图 5-79　　图 5-80　　图 5-81

[作用功效]

能帮助肌肉的恢复，缓解疲劳，缓解髓关节疼痛，促进肌肉的张力、弹性恢复，改善站姿。

[注意事项]

单腿站立时注意平衡，可以扶着椅子或墙壁，力度适当，有微微疼痛。

（二）俯卧后抬腿

[练习方法]

（1）准备动作：俯卧于一平面，双臂环抱放于下巴下方（见图 5-82）。

（2）一侧腿伸直，另一侧腿伸直向上抬高（见图 5-83）。

（3）抬高的腿缓缓下落。

（4）练习至肌肉有酸胀感。

（5）换另一条腿，动作同上，整套动作重复做 3 次（见图 5-84）。

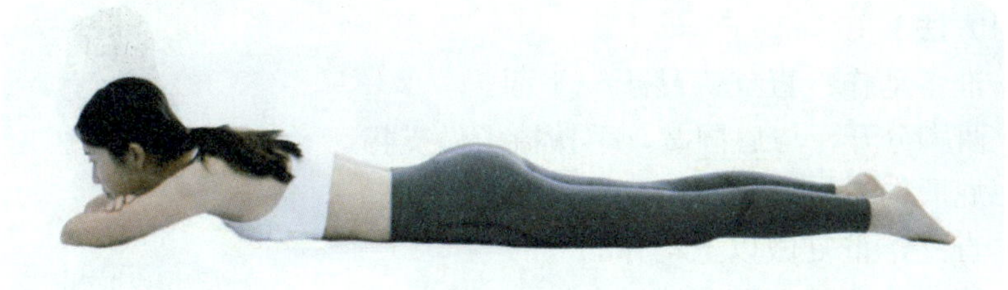

图 5-82

图 5-83

图 5-84

[作用功效]

能帮助肌肉的恢复，提高力量，提升肌肉活力。

[注意事项]

抬腿时记得缓慢下放，注意节奏，注意不要拉伤，量力而行。

（三）站立屈膝

[练习方法]

（1）准备动作：直立，站于一平面。

（2）两脚分开，与肩同宽，手扶椅子做支撑。

（3）屁股向后坐，呈下蹲趋势（见图 5-85）。

（4）直立，重复做以上动作。

（5）练习至双腿有酸胀感。

（6）整套动作重复做 10 ～ 20 次。

[作用功效]

能帮助肌肉力量的恢复与提高，提升肌肉活力，缓解膝关节疼痛，减轻药物依赖，增强膝关节控制能力。

[注意事项]

根据自身力量增加，不断调整下蹲角度，下蹲过程中若出现疼痛应立即停止。

图 5-85

三、小腿医疗保健操

（一）小腿按摩

[练习方法]

（1）准备动作：患者坐在床上，将疼痛的腿微屈（见图 5-86 和图 5-87）。

（2）患者双手握拳。

（3）用拳峰沿肌肉走向缓慢按压（见图 5-87 和图 5-88）。

（4）往返 3 ～ 5 次。

（5）按摩至小腿肌肉紧张感显著降低。

（6）整套动作重复做 5 ～ 10 次。

[作用功效]

能帮助肌肉和跟腱的恢复，增强小腿肌力，增强柔韧性，缓解运动后的紧张。

[注意事项]

注意按压力度。

图 5-86

图 5-87

图 5-88

（二）推墙牵拉

［练习方法］

（1）准备动作：直立，面对墙壁（见图 5-89）。
（2）身体前倾，双手平推墙壁。
（3）一侧腿弯曲成弓步，另一侧腿向后绷直（见图 5-90）。
（4）感到后侧小腿有牵拉感。
（5）维持动作 15 ～ 20 秒。
（6）左右换位，重复做以上动作（见图 5-91）。
（7）全套动作一共 3 遍。

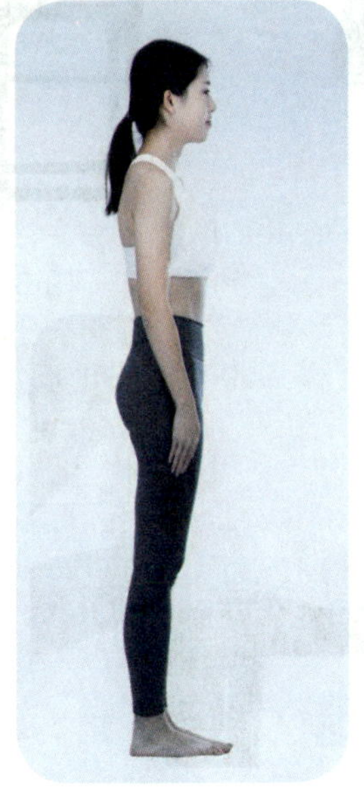
图 5-89

图 5-90

图 5-91

［作用功效］

能帮助肌肉和跟腱的恢复，缓解肌腱炎，增强韧带韧性。

［注意事项］

后侧腿绷直，脚尖向前，身体不要有偏转，始终向前。

（三）脚背压椅子

[练习方法]

（1）准备动作：背对一个略高于膝盖的椅子（见图 5-92）。

（2）将腿向后弯曲至脚尖搭在椅子上（见图 5-93）。

（3）用手放在足跟上，抓住脚跟。

（4）用手向前方和下方按足跟（见图 5-95）。

（5）按压 5 ～ 10 次，直至感到脚踝处有牵拉感。

（6）放松肌肉 5 ～ 10 秒。

（7）左右换位，重复做以上动作（见图 5-94 和图 5-96）。

图 5-92

图 5-93

图 5-94

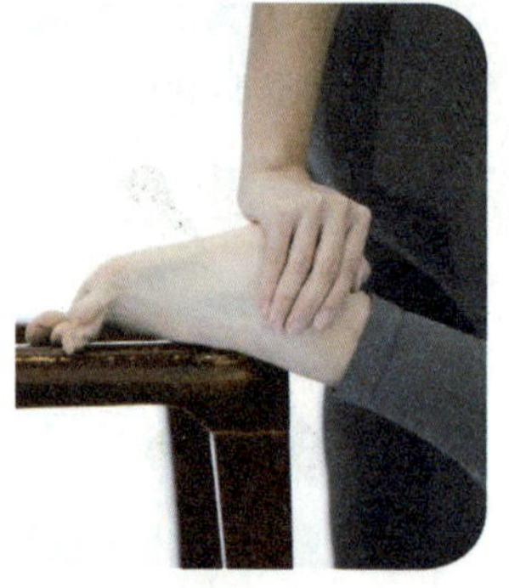
图 5-95

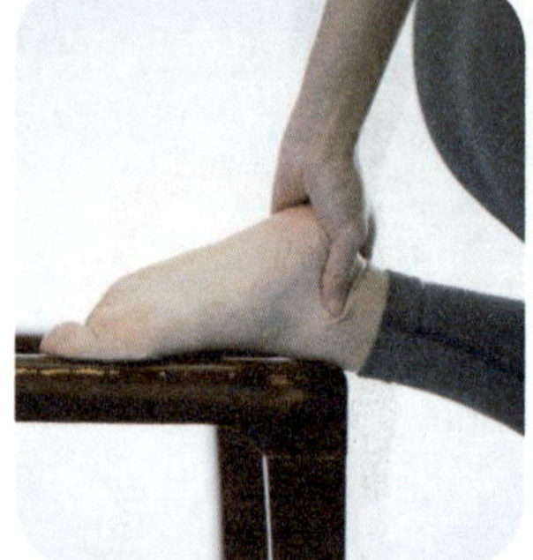
图 5-96

[作用功效]

缓解腓骨外侧以及踝关节疼痛，缓解走路或跑步时脚尖抬不起的症状。

[注意事项]

不要过度弯曲膝盖，椅子略高于膝盖。

（四）毛巾拉脚

[练习方法]

（1）准备动作：坐在床上，伸直双腿。

（2）一侧腿弯曲，用毛巾经由足底环绕另一侧腿。

（3）拿住毛巾两头向后拉（见图 5-97）。

（4）感到小腿和跟腱有轻微酸胀感时，静止 30 ～ 60 秒。

（5）左右换位，重复做以上动作（见图 5-98）。

（6）整套动作重复做 3 遍。

图 5-97

图 5-98

[作用功效]

缓解踝关节疼痛与肿胀，减轻足跟疼痛。

[注意事项]

毛巾应包在脚尖处，力度适当。

四、足部医疗保健操

（一）捶击足跟

[练习方法]

（1）准备动作：坐在或半躺在床上（见图 5-99）。

（2）手握橡皮锤或弹簧锤。

（3）捶击足跟、足跟两侧、足跟后侧以及足底（见图 5-100 ～图 5-103）。

（4）每个位置捶击 3 次。

（5）整套动作重复做 3 遍。

图 5–99

图 5–100

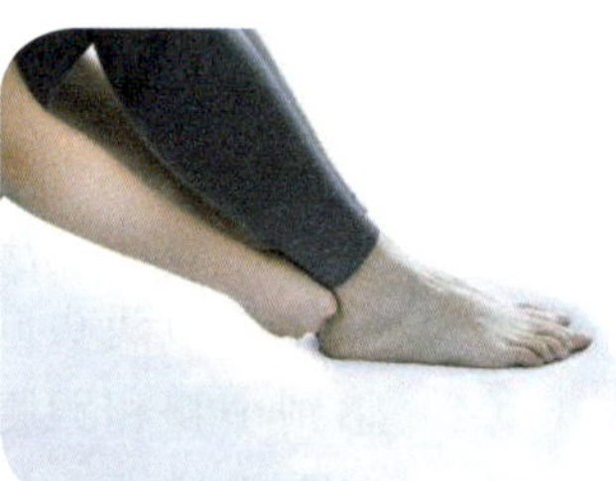
图 5–101

图 5–102

图 5–103

[作用功效]

可以改善足跟血液循环，促进跟骨松质骨窦中静脉回流，降低骨内静脉压，消除足跟痛。

[注意事项]

力度适当。

（二）踮脚

[练习方法]

（1）准备动作：直立，双脚并拢（见图 5-104）。

（2）双手放松，自然垂于身体两侧。

（3）双腿发力，使脚跟离地（见图 5-105）。

（4）维持几秒后使脚跟落地。

（5）重复做动作 30 次。

图 5-104

图 5-105

[作用功效]

可促进足跟内静脉血回流，改善血液循环，有助于消炎止痛，还可以锻炼肌腱。

[注意事项]

保持平衡，可以扶着椅子或门框，身体虚弱的人可以自行调整踮脚的数量。

参考文献

[1] 林美珍，魏琳．练一练，十年少——实用老年保健操 [M]. 广州：广东人民出版社，2017.

[2] 郁嫣嫣，祁奇．从头练到脚——保健康复 100 操 [M]. 北京：中国医药科技出版社，2012.

[3]（法）布朗蒂娜·卡莱·热尔曼．腹部功能康复训练 [M]. 王珏，译．北京：北京科学技术出版社，2022.

[4] （日）本部千博．给全家人更好的视力 [M]. 费腾，译．北京：化学工业出版社，2017.

[5] 闫琪．肩关节功能强化训练 [M]. 北京：人民邮电出版社，2022.

[6]（美）丹尼尔·亚曼．简养脑 [M]. 张南，译．石家庄：河北科学技术出版社，2015.

[7] 张铭，等．健身操运动的理论与实验研究 [M]. 北京：北京体育大学出版社，2018.

[8] 王斌．近视眼的自我推拿治疗 [M]. 上海：上海科学普及出版社，1994.

[9]（美）克里斯蒂安·博格．精准拉伸 [M]. 王雄，杨斌，译．北京：人民邮电出版社，2016.

[10] 刘明军，陈邵涛．颈肩腰自我保健操 [M]. 北京：中国中医药出版社，2016.

[11] 刁凤声．零起点看图学头部按摩 [M]. 北京：中国协和医科大学出版社，2017.

[12]（新西兰）罗宾·麦肯基，克雷格·库贝．麦肯基疗法 [M]. 王小亮，译．北京：金城出版社，2010.

[13] 李彦龙．头部按摩治百病速查手册 [M]. 天津：天津科学技术出版社，2018.

[14] 张仁庆．养生保健操［M］．北京：人民军医出版社，2007．

[15] 白极，张丹．养眼［M］．北京：中国医药科技出版社，2017．

[16]（英）布赖恩·里奇．腰部康复训练［M］．李鹏，王艺璇，译．北京：人民邮电出版社，2022．

[17] 季敏，吴毅．运动功能障碍者家庭康复操［M］．上海：上海科学技术出版社，2016．

[18] 矫玮，钱菁华．运动康复消疼痛：不开刀 不用药［M］．北京：人民体育出版社，2018．

[19]（日）久野谱也．中老年保健操［M］．张协君，译．杭州：浙江科学技术出版社，2005．